INNOVATIVE DEVELOPMENT
OF OPTICAL-ELECTRONIC DISPLAY
GLASS INDUSTRY

光电显示玻璃产业
创新发展之路

李　青 主编

人民交通出版社股份有限公司
北　京

内 容 提 要

本书介绍了液晶玻璃基板发展简史，分析了显示面板产业链的各个环节，针对行业发展中的问题进行了剖析，并提出了解决思路。通过对行业发展展望和预测，介绍了面板行业发展的前景，以期为读者提供关于显示面板行业的初创、发展、未来的知识，帮助读者在认识、思考方面提供一定的参考。

本书可供光电显示技术领域的相关专家、学者，一线的工程管理人员以及研发技术人员参考使用。

图书在版编目(CIP)数据

光电显示玻璃产业创新发展之路/李青主编．—北京：人民交通出版社股份有限公司，2021.3

ISBN 978-7-114-17130-7

Ⅰ.①光… Ⅱ.①李… Ⅲ.①显示—光电子技术—电子工业—产业发展—研究—中国 Ⅳ.①F426.63

中国版本图书馆 CIP 数据核字(2021)第 043737 号

Guangdian Xianshi Boli Chanye Chuangxin Fazhan zhi Lu

书　　名：光电显示玻璃产业创新发展之路
著 作 者：李　青
责任编辑：张一梅
责任校对：刘　芹
责任印制：张　凯
出版发行：人民交通出版社股份有限公司
地　　址：(100011)北京市朝阳区安定门外外馆斜街 3 号
网　　址：http://www.ccpcl.com.cn
销售电话：(010)59757973
总 经 销：人民交通出版社股份有限公司发行部
经　　销：各地新华书店
印　　刷：北京交通印务有限公司
开　　本：720×960　1/16
印　　张：12
字　　数：155 千
版　　次：2021 年 3 月　第 1 版
印　　次：2021 年 3 月　第 1 次印刷
书　　号：ISBN 978-7-114-17130-7
定　　价：60.00 元

《光电显示玻璃产业创新发展之路》
编　委　会

前言 Foreword

随着我国经济、科技实力的增长，我国多个行业在国际上已具备极强的竞争力。光电显示玻璃产业是我国的战略性新兴产业之一，信息技术产业发展的重要支撑，经过20多年的快速发展，规模不断壮大，已进入新的发展阶段。鉴于我国光电显示玻璃产业发展所经历的艰难历程，包括液晶显示面板和玻璃基板的现状和发展有必要对其进行系统性回顾与经验总结，进一步明晰未来发展方向。

东旭集团有限公司（以下简称“东旭”）的发展，正是我国显示行业从玻壳显像管发展到液晶显示面板的缩影。东旭的主导产品之一是玻璃基板，玻璃基板在薄膜晶体管液晶显示器上游原材料成本中占比约为15.2%，对面板产品性能的影响十分巨大，其成本占整个液晶面板的10%左右。玻璃基板是显示面板的重要上游材料之一。

我国显示面板企业的发展极大地促进了我国显示行业的进步，并在全球生产企业中占有重要的地位。了解和掌握显示面板行业的发展和技术变化趋势，有助于我们紧跟市场，优化产品结构，实现高质量发展。

我国显示行业发展前景广阔、应用范围广。基于对液晶显示面板和玻璃基板现状和发展以及对新型显示面板的未来展望，结合对于东旭发展的思考，我们编写了此书。本书力求内容严谨、结构完整、全面吸收显示面板行业技术发展成果。

本书主要内容如下：液晶玻璃基板发展简史、面板产业链分析、行业发展问题分析、行业发展展望及预测。读者可以从书中了解显示产业的发展，显示面板产业链的各个发展环节，以及玻璃基板的发展。

本书由李青主编。主要编写人员有：李青（编写第一章、第三章）、李赫然(编写第二章)、郑权(编写第四章第一节、第二节),张冰(编写第四章第三节),金利涛(编写第四章第四节)。参与本书编写、审核工作的还有东旭及平板显示玻璃技术和装备国家工程实验室近百名专家学者,他们为本书编审付出了大量的心血,在此对他们无私的奉献精神、严谨的学术态度致以崇高的敬意。

同时,感谢东旭光电股份有限公司对本书编写提供的帮助。

本书在编写过程中,参考了大量文献,在此谨向这些文献的作者致谢。

由于作者水平有限,书中难免存在疏漏之处,敬请专家和读者指正,在此谨表谢忱。

作　者

2020 年 10 月

目录 Contents

第一章
液晶玻璃基板发展简史

玻璃基板是构成液晶面板重要的原材料之一,玻璃基板如图 1-1 所示。

图 1-1　玻璃基板

玻璃基板在薄膜晶体管液晶显示器(Thin Film Transistor Liquid Crystal Display,简称 TFT-LCD)上游原材料成本中占比约 15.2%,对面板产品性能的影响十分巨大,面板成品的分辨率、透光度、厚度、单位面积质量、可视角度等指标都与所采用的玻璃基板质量密切相关。作为重要的基底材料,玻璃基板之于 TFT-LCD 产业的意义相当于硅晶片之于半导体产业。

液晶面板的关键结构类似于“三明治”,两层“面包”(玻璃基板和彩色滤光片)夹“果酱”(液晶),故制作一片 TFT-LCD 面板需要用到两片玻璃,分别作为底层玻璃基板和彩色滤光片底板使用。液晶面板结构示意图如图 1-2 所示。

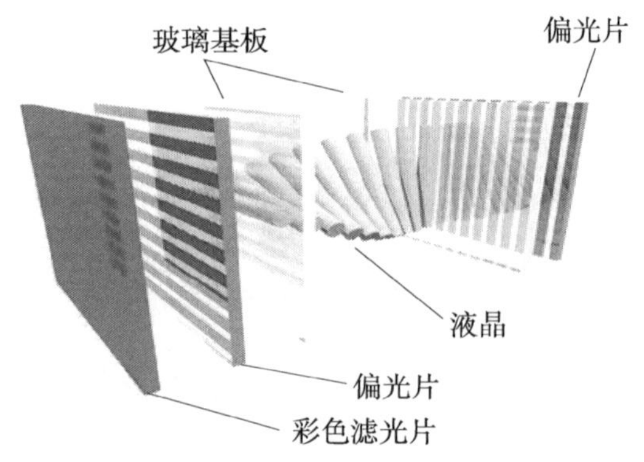

图 1-2　液晶面板结构示意图

液晶玻璃基板可以说是液晶面板的核心部件，而液晶面板作为整个显示技术中不可或缺的重要载体，在整个显示技术中起着至关重要的作用。可以看出，液晶玻璃基板也是完整的显示技术中不可或缺的重要部件。

液晶玻璃基板从本质上来说还是玻璃，其发展在它成为液晶的载体之前就已经开始。液晶玻璃基板的最终呈现还是显示技术，既然要对液晶玻璃基板的发展溯源，就免不了要从显示技术开始说起。

第一节　显示技术发展概述

“显示”有“显现”的意思，有时也指通信中以图像方式显示信息的器件。显示技术的发展源远流长，所用介质也多种多样，但从宏观上来说，显示技术的介质是进步且不断创新的。

一、显示技术概述

1. 显示技术

随着时代的发展，伴随着人们对于显示技术需求的日益增加，显示技术迅猛发展。现代显示技术不仅仅满足单纯的生活需求，而是更多地体现在了成为科学技术的载体。显示技术的发展为科学技术的发展提供了有力的支持。现代显示技术有着光与电结合的特点，从某种意义上来说是光与近代科学成就的结合。它追求的目标是：清晰、准确、实时、直观、方便、节能、携带信息量大、色彩丰富和立体化等。它是近代科学发展的产物,是现代科学技术的一个重要组成部分。

将各种非电量的信息,如声、光、热、力、数、气氛等信息源通过一定的传感器、处理器进行感知和处理,传输给显示装置,再由显示装置进行处理、转换,最后经由显示器件转换为人类视觉可识别的信息,这种现代显示技术被称为信息显示技术。

我们在日常生活中所见的信息有非电量信息,如声、光等,还有电量信息,又称“电信号”,而我们视觉能获取的信息量最多只有60%。显示技术是把电信号变成可见光信号的技术。显示器件按照性质来分类,可以分为主动发光型的电子显示器件和受光型电子显示器件。其中,在两平行平板电极之间有液晶物质,利用液晶在电场或磁场的作用下,光学性能的改变来实现显示的就是液晶显示器,又称为液晶显示器(Liquid Crystal Display,简称 LCD)。它的特点是工作电压低(1.5~3V)、有存储功能、微功耗、可实现彩色显示等。

2. CRT 显示技术

在20世纪八九十年代开始走进人们生活中的彩电,在当时社会家庭中的重要性不言而喻。老式彩电大都采用了阴极射线管显示器(即 Cathode Ray Tube,简称 CRT),它是使用阴极射线管的显示器。可以说,CRT 显示技术的出现,不仅改变了人们的生活,也让玻璃这种材质应用到了显示技术。老式彩电如图1-3所示。

图1-3　老式彩电

阴极射线管显示器主要由五部分组成：电子枪、偏转线圈、荫罩、荧光粉涂层及玻璃外壳。其中，我们印象最深的肯定是玻璃外壳，也可以叫做荧光屏，因为它的内表面可以显示丰富的色彩图像和清晰的文字。

CRT 显示器和其他硬件设备一样，经常会出现故障。但调查发现，由于质量差或自然损坏的故障只占 20% 左右，大部分的故障是由于环境条件差、操作不当或管理不善导致的。可见，环境条件和人为因素是造成显示器故障的主要原因。

除了某些特殊的场合还在使用 CRT 显示器外，在绝大多数场合，它已经被轻薄、低功耗、低成本的液晶显示器所取代。

随着科技的发展，液晶显示器已经广泛应用于各种仪表、计算器、液晶电视、计算机、掌上电子玩具、手机等许多方面。尽管液晶显示器已经全面取代 CRT 成为计算机装机的首选，但是在一些对色彩还原要求较高的行业，如医疗、冶金行业等，仍需要使用 CRT 显示器进行作业。

CRT 的工作原理是基于电子束在电子透镜调制下扫描、激发荧光粉而实现显示。CRT 显示器的重要组成部分为玻壳。玻壳这一名词是 1993 年由全国科学技术名词审定委员会审定发布的，这一名词出自《电子学名词》（第 1 版）。

玻壳，顾名思义就是玻璃壳，也称荧光屏。玻壳如图 1-4 所示。

图 1-4　玻壳

荧光屏，顾名思义就是发出荧光的屏幕。这一个大玻璃壳里面是荧光粉。工作时，荧光屏后面的电子枪发射电子束打在荧光粉上，于是一部分荧光粉亮起来，显示出字符或者图像。整个显示器里面是高度真空的。

CRT显示器的出现推动了显示技术的发展和显示行业的发展，CRT显示器有很明显的优点。

首先是在色彩方面有所体现。CRT在这方面具有绝对优势，理论上是无限色，所以目前的专业作图领域，依然使用CRT显示器。其次是速度方面，CRT基本没有延迟，反应时间只有1ms，绝对不会出现拖尾现象。还有一个不可忽视的优点就是分辨率。只要带宽够大，CRT理论上可以达到无限大分辨率。这一点相比后来出现的LCD来说，就有不小的差距了。由于LCD是由像素组成，所以只能有一个最佳分辨率。

但是CRT显示器同时存在着不可忽视的缺点。

首先，CRT的辐射大，虽然LCD也并非零辐射，但是相对传统的CRT辐射小得多。其次是刷新，由于CRT是显像管发光，CRT的屏幕刷新频率因分辨率、色彩数量的不同而不同，分辨率越高，刷新率就越低，所以无论刷新多高，都有闪烁。一般来讲，屏幕的刷新率要达到75Hz以上，人眼才不易感觉出屏幕的闪烁。而由于LCD是像素点直接显示颜色，不存在刷新问题。再次是可视面积，实际上CRT显示器的尺寸是其显像管的尺寸，可以用来显示图像的部分根本达不到这个尺寸，因为显像管的边框占了一部分空间。最后是显示效果，目前绝大部分家用级CRT都存在不同程度的聚焦、汇聚等方面的问题，这与企业的技术工艺有关。

CRT的寿命一般为5～10年，不过存在老化现象，会慢慢发生聚焦不准，亮度降低等问题。

CRT得到广泛应用是在电视机出现以后，显示器的发展一直都是整个行业发展关注的焦点。CRT电视在我国经历了几十年的发展，随着科技的发展，其替代性产品——液晶电视诞生。

二、液晶显示器及液晶玻璃基板概述

CRT的替代性产品——液晶显示器的性能还存在一些缺陷，如拖尾现象、动态对比度不佳等，所以在性能方面比不上技术成熟的CRT显示器。但是由于受到了先天技术的限制,CRT 显示器在大尺寸化方面的难题也一直没有得到很好的解决。例如,34in[1] 的 CRT 电视机往往厚度达到 50cm 左右,质量也很容易超过百斤,不仅给企业的生产、物流带来了更大的困难,而且给普通用户的日常使用、放置带来困扰。

随着信息技术的发展,人们对生活的品质也有了更高的要求。相对于重则上百斤的大彩电,人们对更轻更薄甚至尺寸更大的电视更加青睐。所以,更轻薄尺寸更大的液晶电视也随着人们的需要和科学技术的进步出现了。同样,作为液晶显示面板的核心部件——液晶玻璃基板也发展起来了。

1. 液晶概述

要追溯液晶显示器的来源,必须先从液晶的诞生开始讲起。

液晶(Liquid Crystal,简称 LC)是一种高分子材料,因为其特殊的物理、化学特性,20 世纪中叶开始被广泛应用于轻薄型的显示技术上。人们熟悉的物质状态(又称相)为气、液、固,较为陌生的是电浆和液晶。液晶相要具有特殊形状分子组合时会产生,它们可以流动,拥有结晶的光学性质。液晶的定义,现在已有所放宽,囊括了在某一温度范围为现液晶相,在较低温度为正常结晶的物质。而液晶是一种有机化合物,也就是以碳为中心所构成的化合物。同时具有两种物态(液态、晶态)性质的液晶,是以分子间力量组合的,它们的特殊光学性质,又对电磁场敏感,很有实用价值。

液晶最早是由奥地利植物学家莱尼茨尔(F. Reinitzer)于 1888 年发现的,他在测定有机物的熔点时,发现某些有机物(胆固醇的苯甲酸脂和醋酸脂)熔化后会经历一个不透明的呈白色浑浊液体状态,并发出多彩而美丽的珍珠光泽,只有继续加热到某一温度才会变成透明清亮的液体。次年,德国物理学家莱曼(O. Lehmann)使用他亲自设计,在当时作为最新式的附有加热装置的偏光显微镜对这些脂类化合物进行了观察。

[1] 1in = 0.0254m。

他发现,这类白而浑浊的液体外观上虽然属于液体,但却显示出各向异性晶体特有的双折射性。于是莱曼将其命名为“液态晶体”,这就是“液晶”名称的由来。它好比是既不像马,又不像驴的骡子,所以有人称它为有机界的骡子。液晶被发现后,人们并不知道它有何用途,直到1968年,人们才把它作为电子工业上的材料。

液晶是一种介于固体与液体之间,具有规则性分子排列的有机化合物,最常用的液晶形式为向列液晶,其分子形状为细长棒形,长宽为1～10nm,在不同电流电场作用下,液晶分子会做规则旋转90°排列,产生透光度的差别,如此在电源On/Off下产生明暗的区别,依此原理控制每个像素,便可构成所需图像。

1963年,美国无线电公司(Radio Corporation of America,简称RCA)的威利阿姆斯发现了用电激发液晶时,其透光方式会改变。5年后,同一公司的哈伊卢马以亚小组,发明了应用此性质的显示装置,这就是液晶显示屏的开端。当初,液晶作为显示屏的材料来说,是很不稳定的。因此,液晶作为商业利用,尚存在着问题。然而,1973年,英国哈尔大学格雷教授发现了稳定的液晶材料(联苯系)。1976年,由日本夏普公司在世界上首次,将其应用于计算器(EL-8025)的显示屏中。目前此材料已成为LCD材料的基础。

液晶显示材料最常见的用途是电子表和计算器的显示板。为什么会显示数字呢?原来这种液态光电显示材料可以利用液晶的电光效应把电信号转换成字符、图像等可见信号。液晶在正常情况下,其分子排列很有秩序,显得清澈透明,一旦加上直流电场后,分子的排列被打乱,一部分液晶变得不透明,颜色加深,因而能显示数字和图像。

TFT-LCD显示同样需要媒介,而极大极薄的液晶玻璃基板恰好能像夹果酱一样和液晶一起构成TFT-LCD显示器。玻璃基板是构成液晶面板重要的原材料之一,对面板产品性能的影响十分巨大,面板成品的分辨率、透光度、厚度、单位面积质量、可视角度等指标都与所采用的玻璃基板质量密切相关。

2. 液晶玻璃基板概述

显示技术的发展一步步催生了显示介质的发展,也同时促进了作为TFT-LCD基底材料的液晶玻璃基板的发展。

玻璃基板又称素玻璃,是超薄、超平滑、超精细无碱硅酸铝玻璃,其碱硅酸铅金属总含量要求在0.1%以下。玻璃基板的切割片数有一个最佳经济值,达到这个值以上意味着较高的生产效率,业界公认的经济切割片数是6,按照玻璃基板尺寸的大小划分生产线属于哪一代。

目前,玻璃基板在商业上应用的厚度在0.4~0.7mm,主要应用于液晶桌面显示器、笔记本电脑以及液晶彩电的面板制作中。

液晶基板玻璃的主要原料包括:石英粉、碳酸锶、碳酸钡、硼酸、硼酐、氧化铝、碳酸钙、硝酸钡、氧化镁、氧化锡、氧化锌等。它们是玻璃的形成物,玻璃的调整物和中间体成分,构成了玻璃的主体,决定了该种玻璃的物理和化学性质。

玻璃基板生产方法有三种,分别为浮式法、流孔下引法及溢流熔融法。浮式法因系在液态锡表面牵引拉伸的关系,液态锡接触表面会因流体摩擦产生凹凸伤痕,虽然可生产较宽之玻璃产品(宽幅可达2.5m)且产能较大(约达10万m^2/月),但表面需再次研磨加工,故投资金额较高。流孔下引法采用模具开孔漏板低黏度玻璃,开孔大小辅以下拉力控制玻璃基板厚度及宽度,产能较高,但以无法产出原始表面玻璃,且模具在高温下稳定性差,无法得到高质量基板玻璃,仍需表面研磨,已逐渐被其余两种技术替代。溢流熔融法可以产出具有双原始玻璃表面的超薄玻璃基材,虽限于产能较小,但具有免于后期研磨加工的优势,因此,成为超薄平板玻璃成型方案主流。

由于无碱硅酸铝玻璃有特殊成分且在热稳定性、机械、电气、光学、化学等特性及外观尺寸、表面平整度等方面都有极为严格的标准,故其生产线调整、学习时间较长,新厂商欲加入该产业之技术门槛则较高。

超薄平板玻璃基板的特性主要取决于玻璃的组成,而玻璃的组成则影响玻璃的热膨胀、黏度(应变、退火、转化、软化和工作点)、耐化学性、

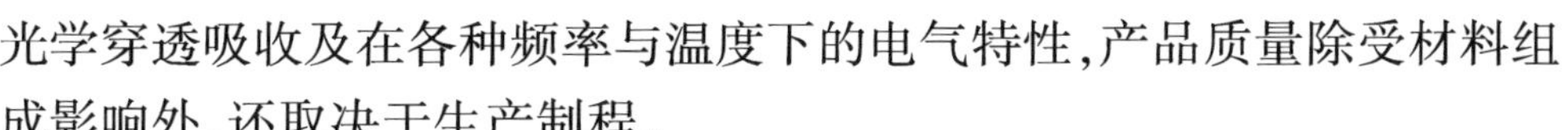

光学穿透吸收及在各种频率与温度下的电气特性,产品质量除受材料组成影响外,还取决于生产制程。

玻璃基板在表面特性、耐热性、耐药品性及碱硅酸铝金属含量等特性上有着严格要求。张力点:须能承受光电产品液晶显示器生产制程中的高温。相对密度:对显示产业日趋大尺寸趋势来说,较小的相对密度更具优势。热膨胀系数:该系数指温度变化造成外观尺寸之膨胀或收缩的比例,将影响玻璃基板制程中定位精度,其系数越低越好,从而达到更高分辨率。其余有关物理特性指标尚有熔点、软化点、耐化学性、机械强度、光学性质及电气特性等,根据不同的应用产品标准亦有变化。

第二节　液晶面板发展概述

2009 年 8 月 25 日,我国液晶面板龙头企业——北京京东方,宣布投资 280.3 亿元人民币,建设我国第一条 8.5 代液晶面板生产线。此举一举打破外国厂商的技术与利益封锁。在此后不到 10 天时间里,日本夏普,韩国三星、LG(韩国 Lucky Goldstars,中文全称乐喜金星)等厂商,纷纷宣布放弃封锁策略,要在我国建设高世代液晶面板生产线。

这场液晶狂潮背后,是我国液晶面板厂商与外资厂商的生死角逐。谁能率先填满中国市场需求,谁就能成为行业霸主。进口关税将导致韩国、日本等的进口液晶面板完全失去中国市场的竞争力。这就是外资厂商瞬间扭转封锁态度,抢着在我国设厂的根本原因。

一、日本

早在 1968 年,美国无线电公司(Radio Corporation of America,简称 RCA)实验室公布 LCD 成果时,正在美国国际商业机器公司(International Business Machines Corporation,简称 IBM)实验室工作的日本物理学家江崎玲於奈(1973 年获诺贝尔物理学奖),就将这一技术介绍给了日本重点大学和大公司,引起日本产业界的关注。当时的日本正处于二战后经济崛起的黄金年代，对新技术有着非常的敏感性。小林骏介等日本学者获得信息后，于1969年赴美国学习，回到日本后开始液晶基础研究，由此被称为“日本液晶之父”。

1972年初，日本夏普公司（以下简称“夏普”）买下美国RCA公司的LCD技术，并在次年推出了第一款采用TN-LCD为显示面板的计算器（Sharp EL-805）。日本精工则从美国人弗格森手中买下了TN-LCD技术，并于1973年10月，推出了其第一款LCD数字显示电子表（06LC型），引发了数字电子表热潮。市场的热烈反应，使得日本卡西欧、东芝等厂商迅速加入LCD产品的研发行列。这些被美国大公司看不起的“小玩意”，让日本人赚得盆满钵满。

最终把TFT-LCD做成的是夏普。1964～1976年，夏普把生产计算器所需的3000个元件减少到三个：一只硅片、一个显示屏和一只太阳能电池。这种结构大大降低了生产成本。为了研制计算器显示屏，1972年初，夏普花费300万美元，从美国RCA手中购买了TN-LCD技术。在1973年4月，夏普推出了第一款采用LCD显示屏的计算器（EL-805），采用一块能显示8位数字的黑白TN-LCD屏，比精工推出的第一块LCD电子表早了6个月。这个厚2.1cm、重200g的掌上计算器，让夏普第一次敲开了未来显示技术的大门。

LCD显示屏和大规模集成电路技术，让夏普的计算器如虎添翼。1980年，夏普推出的EL-826计算器，质量只有1.5oz❶，一台只卖23美元。之后夏普生产的计算器更小更轻、成本更低，消费者只花4美元即可买到一只夏普太阳能计算器，夏普几乎垄断该市场。

直到笔记本电脑的问世，才成为推动液晶产业崛起的决定性力量。1992年9月，美国IBM公司推出了划时代的产品——IBM 700C，它是第一款使用彩色TFT-LCD显示屏的笔记本电脑。1992年，IBM公司收到了超过10万台笔记本电脑的订单，这使得TFT-LCD找到了市场，每年约有70%的增长，而10.4in屏也成为主流规格。同年微软公司（Mi-

❶ 1oz＝28.3495g。

crosoft Corporation）发布了视窗操作系统 Windows3.1，支持 256 色显示，这加大了对彩色显示器的需求。夏普公司、日本电气股份有限公司（NEC）、富士通等厂商纷纷调整投资计划，建设新的 TFT 生产线。

从 1991 年到 1996 年，全球至少兴建了 25 条 TFT 液晶面板生产线，其中有 21 条建在日本。伴随着液晶面板产业的崛起，日本形成了平板制造供应链中完整的上下游配套体系。在几乎所有关键设备和材料供应链的每一个环节上，都至少有一家日本企业产业提供，比如日本旭硝子玻璃股份有限公司和电气硝子玻璃股份有限公司为液晶平板提供玻璃基板等。

即使在日本企业不是很强的地方，比如液晶化学品、化学气相沉积设备（Chemical Vapor Deposition，简称 CVD），液晶驱动芯片和高性能玻璃等方面，外国企业也都是把他们的业务总部设在日本，或者与日本企业结成战略联盟。到 1998 年，夏普以 2280 亿日元（15.7 亿美元）的营业额排名行业第一，NEC 以 1300 亿日元排名第二，东芝（DTI）以 1000 亿日元排名第三。这是日本液晶产业发展历史上的巅峰时期，液晶、芯片产业成为日本的吸金器、聚宝盆，日本经济开始腾飞。

二、韩国

1990 年，日本 TFT 液晶面板占据了全球市场 90% 的份额，到 1994 年这一数字上升至 94%，而美国只占了不到 3%。1987 年，韩国三星集团不惜连续亏损 7 年，发展液晶业务。韩国企业大规模进入 TFT 液晶面板行业，是在 1995～1996 年液晶产业的第二次衰退周期里，韩国用不到 10 年的时间，硬是把日本企业挤下了世界第一的宝座。

由于液晶面板需要冒着大规模投资（动辄数十亿美元）的风险，所以进入这一行业不仅需要能够开发出样品，还要掌握量产的工艺能力。20 世纪 90 年代初，韩国企业就是通过在试生产线中应用最先进的设备，来作为学习平台和培养量产能力。在自身技术能力不足的液晶灌注工艺等方面，就采用“偷师”的方式去学习日本。三星在日本设立了一个研发机构,利用产业衰退期,雇佣失业的日本工程师,积累研发能力。1991 年,三星建成了一条 300mm×300mm 的试生产线,第二年又研发了在 300mm×400mm 玻璃基板上,一次生产两片 10.4 英寸液晶显示器的技术。

在竞争策略上,韩国企业采用的是加入主流进行赶超的方式,即通过参与技术合作、结成战略联盟以及签订长期合同等形式与外国企业合作。1996 年上半年,三星与美国康宁成立合资公司生产熔融玻璃基板。三星航空(后改名三星 Techwin)投资光刻机设备,三星显示设备公司制造彩色滤光片,而三星电子提供驱动电路。

韩国企业进入液晶面板产业后,通过“反周期投资”获得了巨大成功。

韩国 LG 公司(Lucky Goldstars)是世界第二大面板企业,生产基地主要在庆尚北道龟尾市和京畿道坡州市,其中龟尾市集中了 LG 的 2 代线至 6 代线。继 LG 之后,三星也在 1998 年底建成了 3.5 代线。韩国企业至此领先于当时只有 3 代线的日本企业。

1999 年是韩国企业的转折点,这一年三星在全球液晶平板市场占据了 18.8% 的份额,名列第一;LG 达到 16.2%,名列第二。这两家韩国企业的市场占有率都超过了原来的行业霸主——日本夏普,韩国企业的迅猛发展一举改变了 TFT-LCD 产业的游戏规则。

液晶面板产业的发展,推动了其在电子产品领域的广泛应用,如电脑、电视、手机、数码相机、摄像机、移动多媒体、广告显示屏等。在这个信息时代,液晶面板无处不在,已经成为电子产业的核心力量。

三、中国

中国平板产业起步于 20 世纪 70 年代末,原电子工业部七七四厂(北京电子管厂、京东方的前身)、七七〇厂(湖南长沙曙光电子管厂)、中国科学院七一三厂(河南新乡)和上海电子管厂,先后建成 4in 基板玻璃的 TN-LCD 实验生产线,用于生产电子表、计算器和仪表的液晶产品。清华大学、长春物理所等科研单位也开始了对 LCD 技术的研发。但是

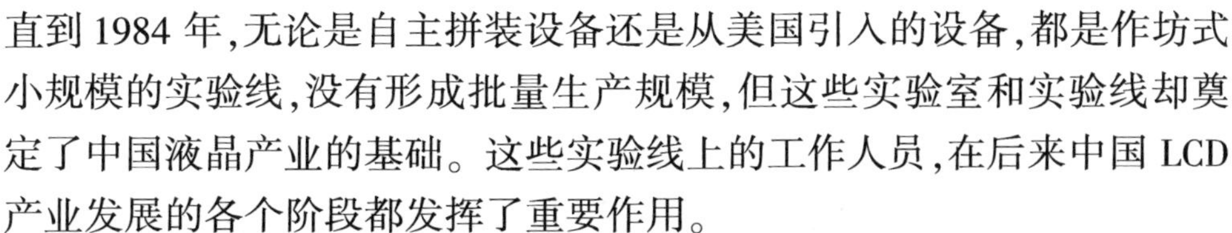

直到1984年,无论是自主拼装设备还是从美国引入的设备,都是作坊式小规模的实验线,没有形成批量生产规模,但这些实验室和实验线却奠定了中国液晶产业的基础。这些实验线上的工作人员,在后来中国LCD产业发展的各个阶段都发挥了重要作用。

1997年,第三次液晶产业衰退期,让中国台湾地区液晶面板企业获得了发展机会。2003年到2004年,中国台湾进入了产业黄金期。全球金融危机爆发后,台湾液晶厂商陷入停产边缘。2009年1~6月,由工信部、国台办出面,连续两次组织中国九大彩电厂商,赴台湾采购液晶面板,总金额高达44亿美元,总量超过1200万片,将中国台湾液晶面板企业,拉出了金融危机的困境。

京东方的液晶战略起源于它所经历过的“毁灭”。它不仅经历过我国大多数国有企业都经历过的市场化困境,而且经历过产业技术变革所造成的“毁灭”。过去30年间,很多老牌国企在市场竞争中倒下,能浴火重生的肯定是强者,京东方就是其中之一。

京东方的前身是电子工业部下属的北京电子管厂(代号774厂)。北京电子管厂也是中国最早进行液晶显示技术研发的企业之一,1981年已经试制成功TN-LCD液晶屏,但是由于缺乏资金而中止。此后决定上STN-LCD项目,最终还是中止。

1993年11月,京东方与日本旭硝子玻璃股份有限公司,合资成立北京旭硝子电子玻璃有限公司(后更名北京北旭电子玻璃),生产显像管玻管和低熔点焊料玻璃。1995年12月,京东方与日本端子制造株式会社合资,生产端子及连接器;1996年4月与日伸株式会社合资,生产电子枪及其零配件。在这一阶段,由于京东方处于弱势地位,合资股份都没能超过50%。

在经过4年的积蓄实力后,京东方逐渐拥有了在合资企业中的控股地位。1997年,京东方与台湾冠捷科技合资,成立东方冠捷电子股份公司(京东方占股51%),并于1999年投产后成功盈利,把台式电脑CRT显示器做到了世界第一。

1998 年,TFT-LCD 在全球平板显示技术中的优势逐渐显现,京东方开始在平板显示器领域布局。当年 11 月收购了浙江真空电子有限公司 60% 的股份,组建浙江京东方,以此进入真空荧光显示屏(Vacuum Fluorescent Display,简称 VFD)小尺寸显示器领域。1999 年,并购深圳信桥通智能技术公司,组建深圳京东方,以此进入发光二极管(Light Emitting Diode,简称 LED)智能显示系统。

2006 年末,京东方亏损 15 亿元。在此后的发展战略上,京东方认为贸然上高世代线风险太大,于是决定选择一条进可攻、退可守的策略——建设投资规模较小的低世代线,在中小液晶面板市场做到最强,然后伺机向高世代线扩张。

2007 年渡过财务危机后,京东方终于有了开始扩张的机会,第一步就是在成都建设一条 4.5 代线。成都 4.5 代线采取的融资模式,是一次重要突破,为后来京东方建设 6 代线和 8.5 代线打开了一条融资通道。

2008 年 7 月,京东方为成都 4.5 代线搞了一次定向增发,增发股票 18 亿元。此外,由国家开发银行牵头的银团提供贷款 16 亿元,并且将还款期变为 10 年。2008 年 3 月,京东方的第二条 TFT 生产线,成都 4.5 代线开工,总投资 34 亿元,到 2009 年 10 月正式量产,2010 年 4 月达到满产。其生产的小尺寸液晶屏,主要用于移动多媒体终端上。完成这一轮投资,京东方的资本渠道和产业发展关系就基本打通了。

2009 年 4 月 13 日,计划投资 175 亿元的京东方 6 代线在合肥开工。京东方为了建设 6 代线,已经准备了 3 年时间,所以在技术上非常有把握。2010 年 11 月 17 日合肥 6 代线实现量产,设计月产能 9 万片,主要切割 18 ~ 37in 电视和电脑显示屏。

2009 年 8 月 31 日,京东方的 8 代线(后调整为 8.5 代线)在北京亦庄开发区奠基,总投资达到 280 亿元。由于 8.5 代线在工艺流程上与 6 代线并没有本质的区别,只是工艺难度有所提高,所以项目推进得很快。北京市政府、国家发改委和工信部都对该项目给予了大力支持。2009

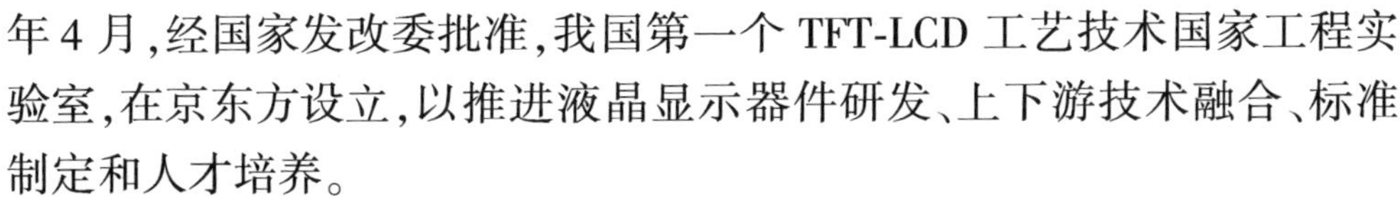

年 4 月，经国家发改委批准，我国第一个 TFT-LCD 工艺技术国家工程实验室，在京东方设立，以推进液晶显示器件研发、上下游技术融合、标准制定和人才培养。

2017 年上半年，京东方智能手机液晶显示屏出货量超过三星公司。2018 年上半年，随着全球首条 10.5 代线量产，京东方液晶电视面板出货量超过 LG 公司。至此，在智能手机液晶显示屏、笔记本电脑显示屏、平板电脑显示屏、电视显示屏、显示器显示屏五大领域，京东方的出货量都位居全球第一。其总出货量占全球的 23%。

第三节　液晶显示及液晶显示器件

一、液晶显示器件发展史

液晶显示主要利用的是电光效应，包括动态散射、扭曲效应、相变效应、宾主效应和电控双折射效应等。从技术发展的历程来看，液晶显示器件（Liquid Crystal Display，简称 LCD）主要经历了四个发展阶段。

第一个阶段，动态散射液晶显示器件（1968 ~ 1971 年）。

1968 年，美国无线电公司（RCA）普林斯顿研究所的 G. H. Heilmeier 发现了液晶的动态散射现象，同年该公司成功研制出世界上第一块动态散射液晶显示器（Dynamic Scattering LCD，简称 DS-LCD）。1971 ~ 1972 年，开发出了第一块采用 DS-LCD 的手表，标志着 LCD 技术进入实用化阶段。由于动态散射中的离子运动易破坏液晶分子，因而这种显示模式很快就被淘汰。

第二个阶段，扭曲向列相液晶显示器件（1971 ~ 1984 年）。

1971 年，瑞士人 M. Schadt 等首次公开了向列相液晶的扭曲效应。1973 年，日本的声宝公司开发了扭曲向列相液晶显示器（Twisted Nematic-Liquid Crystal Display，简称 TN-LCD），用于制作电子计算器的数字显示。因制造成本和价格低廉，TN-LCD 在 20 世纪七八十年代得以大量生产，主要用于笔段式数字显示和简单字符显示。

第三个阶段,超扭曲向列相液晶显示器件(1985~1990年)。

1984年T. Scheffer发现了超扭曲双折射效应并发明了超扭曲向列相液晶显示器(Super Twisted Nematic-Liquid Crystal Display,简称STN-LCD)技术。STN-LCD在显示容量、视角等方面与TN-LCD相比有了极大的改善。由于STN-LCD具有分辨率高、视角宽和对比度好的特点,很快在大信息容量显示的笔记本电脑、图形处理机以及其他办公和通信设备中获得广泛应用,并成为该时代的主流产品。

第四个阶段,薄膜晶体管液晶显示器件(1990年至今)。

20世纪80年代末期,日本厂商掌握了薄膜晶体管液晶显示器(Thin Film Transistor-Liquid Crystal Display,简称TFT-LCD)的生产技术,并开始进行大规模生产。1988年,10.4in的TFT-LCD问世。1990年,采用TFT-LCD的笔记本电脑批量生产。1998年,液晶显示技术进入台式显示器的应用领域,反射式TFT-LCD开始生产。在有源矩阵液晶显示器飞速发展的基础上,LCD技术开始进入高画质液晶显示阶段。随着技术的进一步发展,TFT-LCD的生产成本大幅度下降,最终超过了CRT的市场份额。进入21世纪之后,伴随着TFT-LCD生产线由第8.5代线发展到了第10代线,大屏幕液晶电视也逐渐普及,从根本上改变了显示产业的现状。液晶显示产业已发展成年产值数千亿美元的新兴产业,在信息显示领域占有主导地位。

二、液晶显示器件的优异特性

1. 低压、微功耗

极低的工作电压,只要2~3V即可工作,而工作电流仅几微安,即每个显示字符只有几微安。一个小小的纽扣电池也可以用1~2年,这是其他任何显示器件无法比拟的。在工作电压和功耗上,液晶显示与大规模的集成电路的发展相适应,如电子手表、计算器、便携仪表、手提电脑和GPS电子地图等的实现都成为可能。

2. 平板型结构

液晶显示器件的基本结构是由两片玻璃基板制成的薄形盒。这种结构最利于用作显示窗口,而且它可以在有限的面积上容纳大量的显示内容,显示内容的利用率高。此外,这种结构不仅可以做得很小,如照相机上所用的显示窗,而且可以做得很大,如大屏幕液晶电视及大型液晶广告牌。液晶显示器结构图如图 1-5 所示。

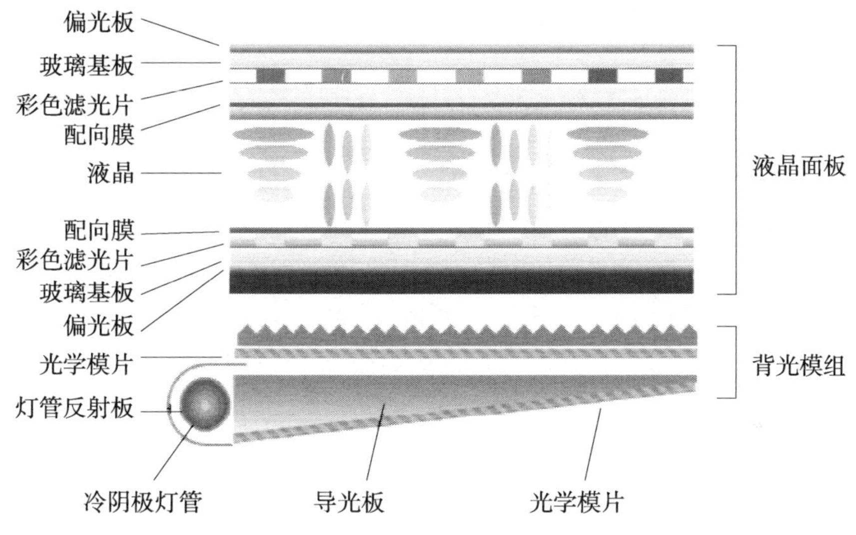

图 1-5　液晶显示器结构图

这种结构还便于大批量、自动化生产。现阶段,液晶显示器件的生产大都采用自动化半自动化的集成化工艺生产,仅少量工人即可开动一条年生产上万片的生产线。

现阶段已经开发出了用塑料基片制成的液晶显示器件。这种器件薄如纸,并可弯曲,从而进一步降低了使用空间。

3. 被动型显示

(1) 显示器件本身不能发光,它靠调制外界光达到显示目的。它不像主动型显示器件那样,靠发光刺激人眼实现显示,而是单纯靠对外界光的不同反射形成的不同对比度来达到显示目的。所以称为被动型显示。被动型显示更适合于人眼视觉,减少视疲劳。这个优点在大信息量、高密度快速变换、长时间观察的显示尤其重要。

(2)被动型显示不怕光冲刷。所谓光冲刷,就是指当环境光较亮时,被显示的内容信息被光冲淡,从而显示不清晰,而被动型显示,由于它是靠反射外部光达到显示目的,所以外部光越强,反射的光也越强,显示的内容也就越清晰。

(3)液晶显示不仅可以在室外也可以在室内显示,对于在室内黑暗中显示,可以配备背光源从而克服不能看的缺点。

4. 显示信息量大

与 CRT 相比,液晶显示器件没有荫罩限制,像素点可以做得更小,更精细;与等离子显示相比,液晶显示器件像素点处不需要像等离子显示那样,像素点间要留有一定的隔离区。因此,液晶显示在同样大小的显示窗面积内,可以容纳更多的像素和信息,这对于制作高清晰度电视、笔记本电脑都非常有利。

5. 易于彩色化

液晶本身无颜色,但是有许多方法可以实现彩色化,如滤色法和干涉法。由于滤色法技术比较成熟,可以使液晶的彩色化更准确、更艳丽。

6. 寿命长

液晶材料是有机高分子合成材料,具有极高的纯度,其他材料也都是高纯物质,在极净化的条件下制成,液晶的驱动电压又很低,驱动电流很小,这种器件的寿命很长,从实际应用中考察,除硬性碰撞、破碎或配套件损坏外,液晶显示器件几乎不会失去使用寿命。而这一点是 CRT 显示器无法做到的,CRT 显示器自身的局限性让它在使用几年后出现失焦等问题,也会因其他问题终结其使用寿命。

7. 无辐射无污染

相比于 CRT 显示器不可避免地会在使用中产生辐射,液晶显示器件在使用中不会产生软 X 射线或电磁波辐射。而辐射会造成环境污染和信息的泄露,而液晶显示器件不会产生此类问题。它是理想的显示器件。

第四节　液晶玻璃基板的发展

液晶面板生产线世代是根据玻璃基板的大小来划分的，由于不同的玻璃基板经济切割尺寸不一样，所以世代的不同其主力切割的产品尺寸不同，产品在技术上没有区别，生产工艺略有不同。这里所谓产品技术相同是指如32in的电视，分辨不出是由6代线还是7代线或是其他代线生产出来的，其质量性能一样；所谓生产工艺不同是指如4代线玻璃基板在生产流程中是水平放置，8代线以上由于玻璃基板巨大，在生产过程中要垂直或倾斜式放置。

目前市面上面板屏幕主要有液晶显示器（Liquid Crystal Display，简称LCD）和有机发光二极管（Organic Light-Emitting Diode，简称OLED）两种。因为显示机制和生产工艺的不同，在生产线世代上也有所区分。LCD目前可以做到10.5代线（或11代线），而OLED常见的只是6代线。如果说6代线的OLED就一定比10.5代的LCD要差，这是不合理的，代数越高，技术不一定就越先进。一般来说，代数越高，主要是它的玻璃基板尺寸越大，产量也越大，技术上可能相对成熟一些。液晶面板世代线以及对应的玻璃基板尺寸和主要生产产品见表1-1。

液晶面板世代线以及对应的玻璃基板尺寸和主要生产产品　　表1-1

世　代　线	玻璃基板尺寸	切割尺寸/片数
1代线	320mm×400mm	—
2代线	370mm×470mm	—
3代线	550mm×650mm	15in/4片
4代线	680mm×880mm	15in/6片
4.5代线	730mm×920mm	15in/8片
5代线	1100mm×1300mm	27in/6片
5.5代线	1300mm×1500mm	27in/8片
6代线	1500mm×1850mm	32in/8片、37in/6片

续上表

世 代 线	玻璃基板尺寸	切割尺寸/片数
7 代线	1950mm×2250mm	42in/8 片、46in/6 片
8 代线	2160mm×2460mm	46in/8 片、52in/6 片
8.5 代线	2200mm×2500mm	55in/6 片
10 代线	2880mm×3100mm	65in/6 片、60in/8 片
10.5 代线	2940mm×3370mm	65in/8 片
11 代线	3000mm×3320mm	70in/8 片

表 1-1 中的世代线,即液晶代线,是按照切割尺寸来划分的,也就是说,一个液晶生产线所能承受的面板是有限制的。代线(Generation,用 G 表示),即世代的意思,它是指玻璃基板的尺寸。代线越大,面板的面积越大,可以切出小液晶面板的数量越多。

液晶桌面显示器的普及,笔记本电脑的广泛应用,以及液晶彩电的发展都推动了大尺寸玻璃基板的需求。液晶显示面板制造商向新一代大尺寸基板的行业方向转移,将加速液晶显示技术在桌面显示器和电视机市场的应用。

液晶电视面板的代数主要说明的是企业生产线的水平:代数越高,未切割的基板尺寸也就越大。因此,切割出的液晶面板数量也越多,其每块屏的平均生产成本越低。如第 7 代的基板能切割出 6 片 46in 或 8 片 40in 或 12 片 32in 液晶面板,而对于第 6 代生产线生产的基板而言,如果选择 32in 的尺寸进行切割,仅能获得 8 片面板。8 代线其玻璃母板大小为 2160mm×2460mm,可以切割成 8 块 46in 或者 6 块 52in 的液晶面板。

近年来,随着日本、韩国等的液晶面板产业逐步向中国倾斜,加上国内多条 G8.5 及以上高世代液晶面板建设投产,我国液晶面板显示技术得到了飞速发展。液晶显示面板终端应用范围广,目前主要需求集中在液晶电视、笔记本电脑、平板电脑、智能手机、车载显示屏等领域。

从现有液晶面板产业来看,无论是薄膜晶体管液晶显示器(Thin Film Transistor Liquid Crystal Display,简称 TFT-LCD)或有源矩阵有机发

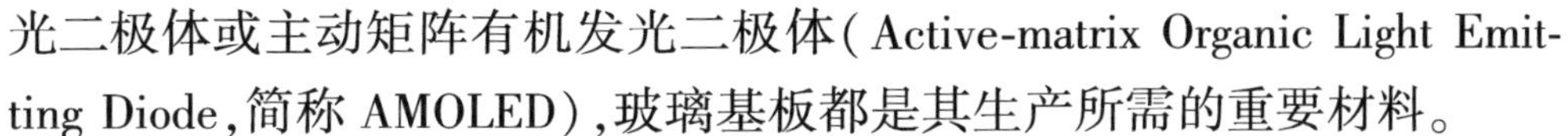

光二极体或主动矩阵有机发光二极体(Active-matrix Organic Light Emitting Diode,简称 AMOLED),玻璃基板都是其生产所需的重要材料。

第五节 液晶玻璃基板生产线

我国作为世界最大的液晶电视机制造国,在显示器产业发展历史上有着惨痛的教训。了解我国电子产业发展的朋友都知道一个词——缺芯少屏,芯就是芯片,屏就是显示屏。

2004 年,当世界电视机产业从传统显像管(CRT)显示器,向液晶、等离子等新型平板显示器转换时,我国彩电工业危机四伏。没能摆脱对引进技术的依赖,未形成自主的技术能力,阻碍了我国显示产业发展。

随着我国液晶电视产能的持续增长,这种产业核心部件受制于人的尴尬局面,已经严重威胁我国电视机产业安全。

液晶面板是决定液晶显示器亮度、对比度、色彩、可视角度的材料,液晶面板价格走势直接影响到液晶显示器的价格,液晶面板质量、技术的好坏关系到液晶显示器整体性能的高低。一台液晶显示器 80% 左右的成本都集中在了面板上。

由于液晶面板成本约占液晶电视整机成本的 2/3,国内彩电厂商被迫花费巨资,从韩国、日本等厂商手里采购液晶面板等关键零部件。以 2010 年为例,当年我国液晶面板进口额超过 460 亿美元,仅次于集成电路(1569 亿美元)、石油(1351 亿美元)和铁矿石(794 亿美元)。

一、液晶玻璃基板生产线发展意义

液晶玻璃基板作为 TFT-LCD 的主要上游材料,生产工艺复杂、生产环境要求严格、技术含量非常高,过去全球市场被少数几家美、日、韩公司垄断。而由液晶玻璃基板作为核心部件的面板,又是显示器的重要组成部分。显示器作为信息显示的终端,在信息社会建设中起着十分重要的作用。

我国液晶玻璃基板产业仍然任重道远。在全球玻璃基板产业向高世代线发展的同时,我们也应该看到我国自有的玻璃基板产业也走上了发展之路。

2008 年 9 月 8 日,由东旭集团有限公司(以下简称“东旭”)提供主要设备、彩虹集团建设的我国第一条液晶玻璃基板生产线全线贯通,生产出了中国第一块第五代液晶玻璃基板,实现了我国液晶玻璃基板产业零的突破。东旭于 2010 年在郑州组织建成我国首条具有完全自主知识产权、与 G4.5 兼容的 G5 玻璃基板生产线,制造出高均匀超净面强理化性能的玻璃基板。

此条生产线的建成,打破了国外企业对该产品的垄断局面,结束了我国液晶玻璃基板依赖进口的历史,这对于完善我国平板显示产业链具有重大意义,同时也标志着我国显示器件行业正在向新型高端显示领域寻求突破。液晶玻璃基板生产线(局部)如图 1-6 所示。

图 1-6 液晶玻璃基板生产线(局部)

东旭于 2013 年在芜湖建成 G6 液晶玻璃基板生产线,获国家火炬计划产业化示范项目。

2017 年,中国电子学会组织专家组在合肥对彩虹承担的“G7.5 TFT-LCD 基板玻璃关键工艺技术研发及产业化”“G7.5 TFT-LCD 基板玻璃智能成型装备研发及应用”等项目进行了成果鉴定。

彩虹“G7.5 TFT-LCD 基板玻璃智能成型装备研发及应用”项目,打破了国外公司对基板玻璃核心装备的封锁,填补了国内空白,达到了国内领先水平。我国彩虹集团、东旭等本土企业始终积极推进基板玻璃国产化,中小尺寸面板市场份额已达80%,但是在为高世代液晶面板生产线及AMOLED生产线配套的TFT无碱玻璃技术工艺及生产技术上还有待突破。而从与国外企业合资合作的高世代基板玻璃来看,主要是在基板玻璃的后道工序,尚无法获得核心关键技术。

实现自主研发后,玻璃基板价格较之前大幅下降。基板玻璃价格的下降,能够降低面板生产企业的生产成本,消费者也能感受到基板玻璃打破垄断之后带来的实惠和变化。

随着彩虹集团第一条G7.5代液晶玻璃基板生产线顺利实现量产,2018年7月底,第二条G7.5代生产线投入生产。同时,彩虹的8.5代试验线也开始筹备,它的建设为我国8.5代以上玻璃基板国产化奠定很好的发展基础。

由中光电科技有限公司与成都高新投资集团有限公司、成都工业投资集团有限公司共同出资设立的成都中光电科技有限公司,是以投资建设运营液晶玻璃基板为主业的高科技企业。由公司运作的成都液晶玻璃基板工程是国内首个0.5mm液晶玻璃基板生产线项目,项目填补了国内超薄TFT-LCD(薄膜晶体管液晶显示器)玻璃生产的空白。公司控股股东中光电科技有限公司由中建材集团旗下蚌埠玻璃工业设计研究院与国内最具平板电子玻璃技术开发与应用实力的河北东旭投资集团有限公司联合组建,双方通过技术合作与引进开发,已掌握了液晶玻璃基板的专有生产工艺技术和装备,达到国际先进水平。

成都液晶玻璃基板产业基地规划分两期建成10条线,总建设规划用地400亩,其中一期工程173亩,总投资27亿元,共建设三条0.5mm的4.5代液晶玻璃基板生产线,设计产能300万片,产品主要立足于为深天马、京东方等4.5代面板企业配套,并可供货给国内外其他4.5代液晶面板厂和彩膜工厂。该项目由中建材蚌埠玻璃工业设计研究院与河北东旭投资集团有限公司联合设计并建设,全部依靠自主创新,具有自主知识产权。该项目是国内首条0.5mm厚度液晶玻璃基板生产项目,填补了国内空白,并达到国际同类先进水平。

东旭于2017年在福清建成我国第一条G8.5液晶玻璃基板后加工生产线。

二、液晶显示产业链配套的现实意义

薄膜晶体管液晶显示器(TFT-LCD)是目前最好的彩色显示设备,是手机、MP3播放器、MP4播放器、车载导航仪等小型终端显示设备以及电视机、笔记本电脑、台式机上的主流显示设备。液晶显示器如图1-7所示。

图1-7　液晶显示器

液晶屏主要包括液晶玻璃基板、液晶、彩色滤光片(Color Filter,简称CF)、薄膜晶体管、驱动集成电路(Integrated Circuit,简称IC)、背光源、偏光板等组成。液晶屏构造示意图如图1-8所示。

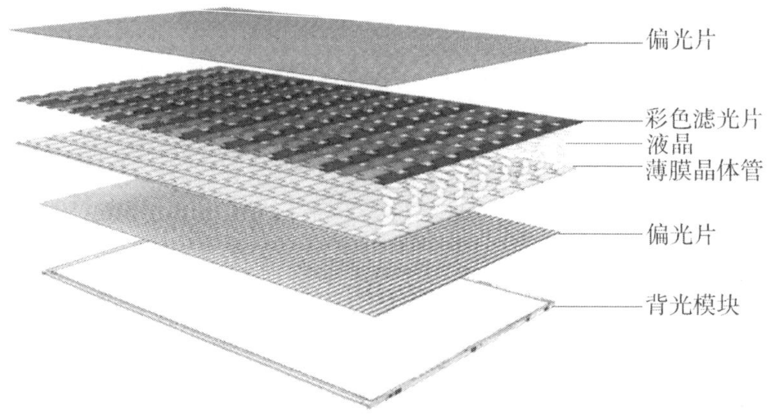

图1-8　液晶屏构造示意图

建立液晶显示产业链上游配套体系，特别是玻璃基板，可以有效降低生产成本。国内液晶产业生产所需材料主要依靠进口。建立液晶产业链上游配套材料体系，可以有效回避全球液晶关键材料供给不足等状况对产业带来的冲击。另外，建立液晶产业链上游配套材料体系，使材料与生产设备、制造工艺等方面相互配合，也是提高液晶产品成品率的关键。

2009 年京东方落户安徽合肥、共投资 175 亿元的国内首条 6 代液晶面板线在合肥新站区开工建设。6 代线的玻璃基板尺寸为 1500mm × 1850mm，包括阵列、彩膜、成盒和模组四道生产工序，产品以 37in 以下电视和电脑显示器用 TFT-LCD 显示屏为主。

2010 年 9 月，京东方合肥 6 代线进入试生产；2010 年 10 月，这条我国大陆首条 6 代线已经量产，实现了我国大陆 32in 以上液晶显示屏国产化的重要突破。

京东方合肥第 6 代 TFT-LCD 生产线是我国大陆首条自主建设的高世代线，也是政府 4 万亿投资和电子信息产业振兴规划宣布后首个大规模投资的电子信息产业项目。该项目设计产能为每月 9 万片玻璃基板，主要生产 37in 以下电视和电脑显示器用液晶显示屏。

京东方合肥 6 代线于 2011 年 4 月底实现满产，达到月产能 9 万片玻璃基板，比原计划提前了 3 个月。从 2010 年 12 月开始，京东方合肥 6 代线月综合良品率均保持在 95% 以上，单日最高综合良品率超过 98% 。2011 年 2 月，液晶屏产量达 35 万片，3 月达 91 万片，4 月则提升到近 110 万片。

京东方合肥 6 代线覆盖 37in 以下显示产品应用领域，包括 18.5in 和 21.5in 电脑用液晶屏、26in 和 32in 电视用液晶屏等市场主流产品，不仅填补了我国 32in 以上液晶屏国产化的空白，还改变了中大尺寸电视用液晶屏全部依赖进口的局面，有效缓解了国内彩电厂商的缺屏问题。京东方合肥 6 代线的生产，使其拥有了惠普、戴尔、联想、三星、LG、冠捷、宏碁、长城、海信、康佳、长虹、创维、海尔等多家国内外客户。

京东方合肥 6 代线的“小胜利”，实现了液晶玻璃基板国产化，更让世界开始用上中国制造的液晶玻璃基板。

成都中光电继2012年0.4mm超薄化产品开发成功并产业化后，在TFT-LCD玻璃基板更薄化技术领域的又取得新的突破。2014年，国内首片0.3mm厚度4.5代液晶玻璃基板在成都中光电成功下线。此次下线的0.3mm厚度玻璃基板，再次刷新薄型化纪录并填补技术领域的空白，完善了国内光电显示产业链。

液晶玻璃基板薄度从0.4mm减少到0.3mm，整片质量降低了25%，原材料成本节约1/4左右。0.3mm液晶玻璃基板问世后，下游用户可直接加工成品，减少了下游用户因减薄造成的二次费用及对环境造成的污染。

在光电显示产业链中，液晶玻璃基板制造技术一直是技术含量最高、利润率最高的核心技术，长期以来被国外公司所垄断。此前，我国液晶面板企业被迫高价向外国公司购买玻璃基板。2009年，东旭主导投资、设计、建设的国内第一条拥有完全自主知识产权G5液晶玻璃基板生产线在郑州开工。此后，其自主研发的超薄玻璃基板产品问世，打破了国际垄断，也提高了国家在这一技术领域的竞争力。

高世代生产线主要生产32in以上的大尺寸液晶面板，一般界定为6代线以上，简称高代线、高世代线。高世代线玻璃基板由于尺寸更大，可切割的大尺寸液晶面板便越多，生产效益也就越高，从而为平板显示产业发展节约大量的材料成本，提高为上游材料供给结构的适应性和灵活性。

国家重点研发计划“重点基础材料技术提升与产业化”2016年获批的重点专项“高世代电子玻璃基板和盖板核心技术开发及产业化示范”项目对高世代线玻璃基板的发展目标指出，未来要开发具有自主知识产权的高世代电子玻璃基板和盖板关键工艺技术，实现我国高世代(G8.5)电子玻璃基板“零”的突破，推动我国浮法技术的跨越式提升，完善我国光电显示产业链，保障国家光电显示产业安全，对高端制造业转型起到示范和引领作用。由此可见，液晶玻璃基板真正的战场应该还是在高世代线上。

我国光电显示产业发展迅速，以京东方、华星光电、惠科集团、中电熊猫为代表的液晶面板生产商已在国内建设多条8.5代（尺寸2.2m×2.5m）TFT-LCD面板生产线，我国已成为全球最大的信息显示产业基地，年需8.5代及以上TFT-LCD玻璃基板3.8亿m^2。其中8.5代玻璃基板的需求量为2.33亿m^2，而国产TFT-LCD玻璃基板年供给量不足4000万m^2，且均为6代线及以下。

2016年，中国电子彩虹平板显示玻璃工艺技术国家工程实验室发布了两款自主知识产权的核心产品，一是成功下线并通过用户认证的我国首条G8.5液晶玻璃基板精细加工生产线产品，二是达到国际先进水平的溢流法高铝盖板玻璃。这标志着我国平板显示上游玻璃基板、盖板玻璃产业迎来新突破。2020年，国内液晶玻璃基板产业又传来了好消息。彩虹集团突破了G8.5+液晶基板玻璃技术瓶颈，实现0.5mm产品成功下线，标志着我国向高世代基板玻璃产业发展迈出了关键一步，为国家平板显示产业核心关键材料实现自主研发奠定决定性基础。

我国首条8.5代TFT-LCD玻璃基板生产线2019年在安徽蚌埠成功点火。9月18日，我国首片8.5代TFT-LCD玻璃基板产品在安徽蚌埠正式下线，我国自主研发的8.5代TFT-LCD玻璃基板产品将实现工业化生产。项目量产后，我国成为全球为数不多掌握高世代TFT-LCD玻璃基板生产技术的国家之一。不仅如此，第一块G8.5代液晶玻璃基板的成功下线，也意味着我国高世代液晶玻璃基板实现“零”的突破，形成具有我国自主知识产权的高世代电子玻璃关键工艺技术。

这意味着我国成为继美日之后全球第三个掌握高世代TFT-LCD玻璃基板生产技术的国家，这对全面提升我国电子玻璃在国际市场的主动权与话语权、保障我国信息显示产业安全意义深远。

我国当时已经投产和建设中的6代以上液晶面板生产线的产出占全球出货量的50%以上，全球手机出货量近14亿部，主要生产地集中在中国大陆，但产业链核心原材料电子玻璃仍然高度依赖进口和外资企业,国产化率不到5%。

2017年2月16日,美国玻璃业巨头康宁公司位于重庆两江新区的液晶显示(LCD)玻璃基板新工厂正式投产,开始为其客户提供8.5代及以上的玻璃基板。这一新的后段加工工厂是康宁在中国大陆投资的第二座LCD玻璃基板工厂。此前,康宁投资约8亿美元的位于北京的工厂,拥有最高达到8.5代LCD玻璃的熔融、成型和后段加工能力。

2017年,随着康宁在合肥投建的高世代玻璃基板工厂成功点炉,标志着全球第一条最大尺寸的10.5代玻璃基板线正式投产。康宁10.5代液晶玻璃基板项目,于2015年12月开始在合肥新站区投建,投资金额15亿美元。康宁10.5代液晶玻璃基板线作为京东方10.5代线项目的配套同步开工。作为康宁最大的业务部门,康宁显示科技部在中国大陆设有三座制造工厂,分别位于北京、重庆和合肥。合肥的10.5代线则是全球第一条10.5代玻璃基板生产线。随着京东方在武汉投建10.5代线,康宁也会投建相应的高世代配套项目。

康宁10.5代液晶玻璃基板项目通过紧张有序的建设,目前按照时间节点安排,已成功点炉。康宁合肥厂生产尺寸为2940mm×3370mm、厚度仅为0.5mm的10.5代玻璃基板,为京东方在合肥的10.5代液晶面板线配套,能为65in、75in电视机提供最为经济的切割方案,满足市场对大屏幕电视不断增长的需求。

而合肥京东方10.5代线项目总投资458亿元,与康宁10.5代液晶玻璃基板项目同期开工。该项目主要生产65in以上超高分辨率液晶显示屏,设计产能为每月12万片玻璃基板(生产尺寸为3370mm×2940mm),2018年5月实现量产。

作为全球第一条10.5代液晶面板生产线,该液晶面板线整体设备的自动化和智能化程度已经达到世界顶级水平,采用的核心工艺技术也达到业界最高水平,京东方10.5代液晶面板线的建设投产,开启了全球显示产业的新纪元,引领大尺寸超高清显示新时代。京东方已完成在大尺寸面板的完美布局,实现从小尺寸到110in以上超大尺寸全系列、全覆盖。

10.5代液晶玻璃基板生产项目,引进了世界上最先进的技术和设备,也是第一次将10.5代技术带到我国,推进了我国平板显示产业快速发展。

G11代TFT-LCD液晶玻璃基板生产线也在国内有了即将建设的消息。这说明了我国的综合国力日益增长,科学技术水平日益提高。我国重视液晶玻璃基板的研发,也正是因为一线技术人员的不断研发,才使得我国的液晶玻璃基板产业日益繁荣。

第六节　LTPS液晶玻璃基板

一、LTPS液晶玻璃基板概述

随着科学技术的发展,液晶玻璃基板发展的趋势是“更大更薄”,所需的材料、技术也就具有更多的选择。

LTPS即低温多晶硅,英文全称是“Low Temperature Poly-Silicon”,它是多晶硅技术的一个分支。对LCD显示器来说,采用多晶硅液晶材料有许多优点,如薄膜电路可以做得更薄更小、功耗更低等。

在多晶硅技术发展的初期,为了将玻璃基板从非晶硅结构(a-Si)转变为多晶硅结构,就必须借助一道激光退火的高温氧化工序,此时玻璃基板的温度超过1000℃。众所周知,普通玻璃在此高温下就会软化熔融,根本无法正常使用,而只有石英玻璃才能够经受这样的高温处理。而石英玻璃不仅价格昂贵且尺寸较小,无法作为显示器的面板,厂商很自然选择了廉价的非晶硅材料(a-Si)。不过,业界并没有因此放弃努力,发展低温多晶硅技术成为业界共识,在经过多年的努力之后,低温多晶硅终于得以应用。

与传统的高温多晶硅相比,低温多晶硅虽然也需要激光照射工序,但它采用的是准分子激光作为热源,激光经过透射系统后,会产生能量均匀分布的激光束并被投射于非晶硅结构的玻璃基板上，当非晶硅结构的玻璃基板吸收准分子激光的能量后，就会转变成为多晶硅结构。由于整个处理过程是在500～600℃以下完成，普通的玻璃基板也可承受，这就大大降低了制造成本，将多晶硅技术引入LCD显示器领域也就完全可行。

二、低温多晶硅技术的特点

1. 电子迁移率更快

电子迁移率以"$cm^3/(V \cdot s)$"为单位，指的是每秒钟每伏特电压下电子的运动范围大小。传统的a-Si非晶硅材料LCD，电子迁移率指标多数都在$0.5cm^3/(V \cdot s)$以内，而P-Si多晶硅面板的电子迁移率可达到$200cm^3/(V \cdot s)$，是非晶硅材料的400倍之多。由于在该项指标上多晶硅材料占据绝对优势，使得多晶硅LCD的反应速度极快，体现在显示器产品中便是响应时间可以做到更短，更好地满足大屏幕LCD的实用需求。

2. 薄膜电路面积更小

液晶材料通过控制光的通断来显示不同的画面，因此，每个液晶像素都必须有一个专门的TFT薄膜电路。这个薄膜电路与液晶像素一一对应，且成为像素的一部分。由于电路本身并不透光，来自背光源的光线便会被它遮挡。薄膜电路占据的面积越大，能透过的光能就越少，体现在最终显示上就是液晶像素较暗。而如果薄膜电路占据的面积较小，透过的光线就较多，在背光源不变的情况下，液晶像素也可以拥有较高的输出亮度。LCD业界引入"开口率"指标来描述此种情况。开口率是指每个像素可透光的区域与像素总面积的比例。显然，薄膜电路占据的面积越小，可透光区域就越大，开口率越高，整体画面就越亮。

传统a-Si非晶硅材料在开口率方面的表现难如人意，原因就在于对应的薄膜电路体积较大，虽然许多厂商想尽办法提升该项指标，但收效甚微。而p-Si多晶硅材料在这方面具有绝对的优势，用该技术制造的

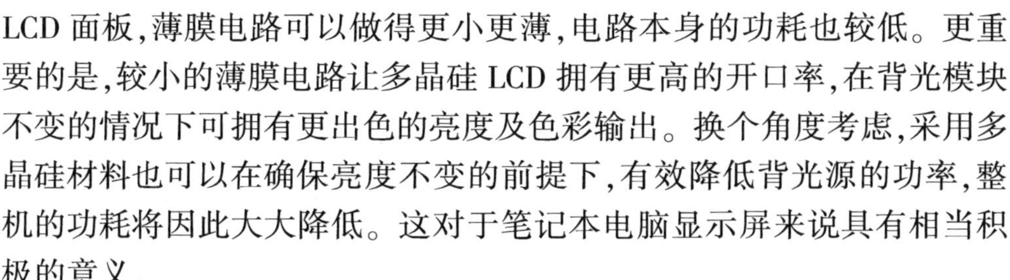

LCD 面板，薄膜电路可以做得更小更薄，电路本身的功耗也较低。更重要的是，较小的薄膜电路让多晶硅 LCD 拥有更高的开口率，在背光模块不变的情况下可拥有更出色的亮度及色彩输出。换个角度考虑，采用多晶硅材料也可以在确保亮度不变的前提下，有效降低背光源的功率，整机的功耗将因此大大降低。这对于笔记本电脑显示屏来说具有相当积极的意义。

3. 分辨率更高

越来越多的液晶厂商开始重视 p-Si 多晶硅技术。如前所述，p-Si 多晶硅面板的薄膜电路尺寸极小，开口率比传统非晶硅面板高得多，对应的 LCD 面板要做到高分辨率不仅相对容易，且可以拥有更为出色的显示效果。不妨举个例子，对于 12in 的笔记本电脑显示屏，如果改用低温多晶硅技术，显示屏就可以在实现 1024 × 768 高分辨率的同时，将开口率指标保持在与常规桌面型 LCD 显示器相当的水准，由此大幅度改善屏幕的亮度输出、对比度和色彩效果。“12 英寸无好屏”的说法自然也就成为历史。事实上，多晶硅技术所能达到的分辨率远超乎人们的想象，如在三片式 LCD 投影机中，高温多晶硅技术被广泛使用，而它可以在面板尺寸仅有 1.3in 时，就实现 1024 × 768 的超高分辨率，如果换作是普通的非晶硅技术，则远远无法达到这一指标。

4. 结构简单、稳定性更高

对于传统的非晶硅 LCD 显示器，驱动 IC 与玻璃基板是不可集成的分离式设计，因此，在驱动 IC 与玻璃基板之间需要大量的连接器。一般来说，一块非晶硅 LCD 面板，需要的连接器数量在 4000 个左右，这不可避免地使结构变得复杂，模块制造成本居高不下，且面板的稳定性较差，故障率较高。再者，驱动 IC 与玻璃基板的分离式设计也让 LCD 难以实现进一步轻薄化，这对轻薄型笔记本电脑和平板电脑而言都是不小的打击。相比之下，低温多晶硅技术没有这个问题。驱动 IC 可以同玻璃基板直接集成，所需的连接器数量锐减到 200 个以下，显示器的元器件总数比传统的 a-Si 非晶硅技术整整少了 40%。这也使得面板的结构变得简单、稳定性更强。理论上说,多晶硅 LCD 面板的制造成本也将低于传统技术制造成本。与此同时,集成式结构让驱动 IC 不必占据额外的空间,LCD 显示屏可以做得更轻更薄,这一点无疑可以得到市场的广泛欢迎。

由于 LTPS-TFT LCD 具有高分辨率、反应速度快、高亮度、高开口率等优点,加上由于 LTPS-TFT LCD 的硅结晶排列较 a-Si 有次序,使得电子移动率相对高 100 倍以上,可以将外围驱动电路同时制作在玻璃基板上,实现系统整合的目标,节省空间及驱动 IC 的成本。

同时,由于驱动 IC 线路直接制作于面板上,可以减少组件的对外接点,增加可靠度、维护更简单、缩短组装制程时间并降低 EMI 特性,进而减少应用系统设计时程,扩大设计自由度。

LTPS-TFT LCD 最高技术是做到面板系统,第 1 代 LTPS-TFT LCD 利用内建驱动电路和高性能画素晶体管而达到高分辨率和高亮度效果,已使得 LTPS-TFT LCD 和 a-Si 产生极大差别。

第 2 代 LTPS-TFT LCD 透过电路技术之进步,由模拟式接口进入数字式接口,降低耗电。此代 LTPS-TFT LCD 电子迁移率是 a-Si TFT 的 100 倍,电极图案线宽是 4μm 左右,尚未充分活用 LTPS-TFT LCD 特性。

第 3 代 LTPS-TFT LCD 在周边大规模集成电路(LSI)整合方面比第 2 代更完备,其目的是:第一,没有周边零件可使模块更轻薄,也可以减少零件数量和组装工时;第二,简化信号处理可降低电力消耗;第三,搭载内存可让消耗电力降至最低。

由于 LTPS-TFT LCD 液晶显示器具有高分辨率、高色彩饱和度、成本低廉的优势,被寄予厚望成为新的显示器。由于其高电路整合特性与低成本的优势,在中小尺寸显示面板的应用上有着绝对的优势。

但是 p-Si TFT 目前存在两个问题:一是 TFT 的关态电流(漏电流)较大;二是高迁移率 p-Si 材料低温大面积制备较困难,工艺上存在一定的难度。

它是由 TFT LCD 衍生的新一代的产品。LTPS 屏幕是通过对传统非晶硅(a-Si)TFT-LCD面板增加激光处理制程来制造的,元件数量可减少40%,而连接部分更可减少95%,极大地减少了产品出现故障的概率。这种屏幕在能耗及耐用性方面都有极大改善,水平和垂直可视角度都可达到170°,显示响应时间达12ms,显示亮度达到500尼特,对比度可达500:1。

总的来说,运用LTPS会使液晶玻璃基板、面板和显示器成品的质量更高。

三、国内公司LTPS液晶玻璃基板发展现状

作为显示领域的重要材料之一,近年来,国产玻璃基板产业实力不断增强,新技术不断突破,各企业也纷纷加紧部署,聚焦创新技术研发。具有高亮度、高分辨率与低耗电量等优点的新一代薄膜晶体管显示技术低温多晶硅被普遍看好,该技术主要应用于高清晰、低功耗、窄边框高端屏幕制造。

在显示行业,高端消费产品具有更快的反应速度、更高的解析度和更好的稳定性。LTPS作为目前显示领域热门的先进技术起了关键性作用,它的应用给用户带来了更好的体验。然而,这项技术至今还牢牢掌握在国外企业手中,目前市场上流通的LTPS玻璃基板被美国和日本等几家国外玻璃基板厂商占据,国内全部依赖进口。在中美贸易争端持续升级的环境下,LTPS玻璃基板生产技术缺位使我国显示产业安全受到严峻挑战。

为扭转上述局面,以东旭、成都中光电为代表的国内上游显示材料企业不断提升自身技术,使我国面板产业从源头上游显示材料领域摆脱技术依赖。

2016年,东旭就已经试制成功OLED的LTPS玻璃基板,当时虽未实现大批量生产,但这已经是LTPS液晶玻璃基板在我国走出的很重要的一步了。LTPS液晶玻璃基板的试制成功,意味着中国也有了研制LTPS液晶玻璃基板的能力,可以不受外国技术制约。这对于长期受国

外技术制约的中国企业来说，无疑是一个令人欣喜的好消息。

2020年，东旭"G6（兼容G5.5）LTPS玻璃基板研制与产业化项目"成功实现良品批量下线，打破国际技术垄断。东旭发明的"一种液晶玻璃基板的生产方法"斩获金奖。依托该项专利技术，东旭先后建成20多条液晶玻璃生产线，打破国外垄断，实现我国液晶玻璃基板的产业化、规模化。东旭的LTPS玻璃基板产品性能与美国、日本同类产品处于同一水平，有望大幅降低我国本土面板企业的采购成本。

成都中光电为打破国外垄断，提升自身综合竞争力，确立了自主研发LTPS玻璃基板的战略目标，并成立了研发小组。中光电领导亲自指挥研发工作，在经过无数次的料方设计、优化、打样测试后，成都中光电在2018年2月正式试产LTPS玻璃基板。3月6日，LTPS玻璃基板下线，经过全面对比检测，理化性能和品质指标达到行业领先水平。

LTPS玻璃基板的成功研发，为中光电优化产品结构、深化产业布局、提升市场竞争优势、加强与国内主流客户的深度合作提供了广阔的空间，也为我国实现中国制造做出了重要贡献。

第七节　液晶玻璃基板行业"巨头"

一、美国康宁公司

美国康宁公司是特殊玻璃和陶瓷材料的全球领导厂商，为世界500强企业，于1851年在美国纽约州的康宁市成立。随着个人计算机拥有量的增加和LCD电视机的快速普及，LCD产品在中国的市场发展极具潜力。康宁显示科技在整个亚洲的行业发展中扮演着重要的角色。

2013年2月28日，投资8亿美元的康宁公司液晶显示器（LCD）玻璃制造厂在北京建成，北京工厂为中国大陆面板制造企业供应产品。据了解，该工厂位于北京经济技术开发区，是康宁公司在中国设立的第二家薄膜晶体管液晶显示器玻璃生产厂。这座新厂拥有8.5代玻璃的熔融、成型和后段加工能力，向包括京东方在内的 TFT-LCD 客户供应产品。

1879 年，康宁第一个重大产品就是为汤姆斯・爱迪生发明的新型白炽灯开发灯泡型玻璃罩壳。这次设计的成功，使玻璃罩在 1908 年已占到了康宁业务的一半之多。在那时，灯泡由手工制作，一次只能做成一件。一名熟练技工一天也只能生产出几百只灯泡。后来，康宁创新了生产工艺，实现批量生产，也让电灯进入千家万户。或许这就是康宁公司和“玻璃”的渊源了。

1913 年，康宁物理学家 Jesse Littleton 博士让妻子在一块 1908 年开发的耐热玻璃上烤面包，该玻璃完美地经受住了整个烤制过程。1915 年，康宁开发了 PYREX ® （百丽）品牌下的改良玻璃配方。PYREX ® 成为高度耐用厨具和实验室玻璃产品的代表，直到今天康宁仍是玻璃锅具的代名词。

1947 年，康宁公司最先发明并大规模制造出电视机显像管，也正是有了电视显像管，才让人们在方寸之间窥得世界全景。也正是这一发明，使玻璃这种材质和显示技术牢牢地绑在了一起。

1961 年，使用康宁制造的耐热窗的“水星”号飞船成功实现美国历史上的首次载人飞行。康宁为美国的每艘载人飞船制造窗玻璃——从“双子星座”号飞船和“阿波罗”号飞船到航天飞机，继续致力于航天工业的广泛应用。

20 世纪 80 年代，有源矩阵液晶显示屏（LCD）研究实验室发现，普通玻璃的精度、稳定度或耐用度无法达到制作液晶屏的要求。康宁“熔融”工艺恰好满足要求，进而帮助液晶屏行业制造大尺寸高品质的平板显示器，满足各种新应用。我们现在用的所有显示设备都是基于康宁的发明。

2007 年，手机制造商希望康宁开发出一种比钠钙玻璃和塑料等传统材料更耐损的盖板玻璃。为此，康宁开发出了薄而轻、足够坚韧且能够耐受日常使用中的刮擦、碰撞和跌落的大猩猩® 玻璃。这种玻璃广泛应用于智能手机、面板、平板电脑、个人电脑、电视机等产品。

康宁玻璃（Corning Gorilla Glass），又称大猩猩玻璃，是一种铝硅酸

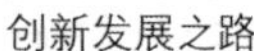

盐玻璃,它是由美国康宁公司设计的一款玻璃。康宁玻璃与普通的玻璃从外观和性能上来看没有太大的区别,但经化学强化后两者的性能截然不同。

2012 年 2 月 28 日,康宁公司产品包括:用于 LCD 电视、电脑显示器和笔记本电脑的玻璃基板;用于移动排放控制系统的陶瓷载体和过滤器;用于通信网络的光纤、光缆以及硬件和设备;用于药物开发的光学生物传感器;用于其他一些行业,例如半导体、航空航天、国防、天文学和计量学的光学仪器。

日本旭硝子、板硝子、中央硝子等进口原材料玻璃化学强化后,应力值大概在 450 ~700MPa,而化学强化后的康宁玻璃的应力值在 600MPa 以上。

日本旭硝子、板硝子、中央硝子等进口原材料玻璃经化学强化后,应力层大概为 8 ~ 12μm,而经化学强化后的康宁玻璃的应力层大概在 40μm 以上。

康宁玻璃具有高耐用度和防刮伤性,能够承受强力的挤压和反复的触摸,能够满足大批量用户的需求。

由于康宁玻璃特有的性能,其主要用于电子视窗(如手机触摸屏和便携式平板显示器等)、显示器保护玻璃、光学机器玻璃等。

2008 年,全球液晶玻璃基板巨头美国康宁公司在北京新建了一座液晶显示(LCD)玻璃基板工厂。该工厂位于北京经济技术开发区,是康宁公司在中国大陆建造的首个 TFT-LCD 玻璃生产厂。

康宁公司是特殊玻璃和陶瓷材料的全球领导厂商。康宁通过其子公司“康宁(上海)管理有限公司”经营其在大中华区的业务。

二、日本旭硝子公司

日本旭硝子公司指的是旭硝子玻璃股份有限公司,是日本一家玻璃制品公司,为全球第二大玻璃制品公司,成立至今已有超过一百年历史。旭硝子产品为各种玻璃制品、半成品及少量化学产品,销售对象为 LCD

制造厂、汽车业、灯具业、建筑业等。

旭硝子公司母公司是三菱集团。旭硝子公司不仅在中国、印尼、泰国、越南等国均有工厂，在欧洲也有子公司（欧洲的比利时格拉威尔公司旭硝子公司占有67.52%的股份）。旭硝子公司共有20条浮法线。

公司经营范围：玻璃产品、陶瓷及耐火材料。曾以1.36亿美元收购ICI公司的氟树脂业务，使其在全球市场份额从6%增到18%。

在平板玻璃、汽车玻璃、显示器玻璃等领域，旭硝子公司已经拥有领先世界（第1位或者第2位）的市场占有率。此外，在应用范围广泛的玻璃、氟化学和其他相关领域中，旭硝子公司也掌握着全球顶尖的技术水平。

在长期的企业竞争中，旭硝子公司与康宁公司一直是最好的对手。曾经液晶屏幕的玻璃基板，被美国康宁率先开发成功。2011年日本旭硝子公司宣布，开发出了在触摸传感器基板用玻璃中“全球最薄”（旭硝子）的钠钙玻璃材料，厚度仅为0.28mm，用于智能手机和平板终端等，并从2011年4月下旬开始量产和销售。

2011年，日本旭硝子公司宣布，采用浮法工艺成功生产出了0.1mm厚的玻璃片。这种玻璃片的厚度与一般复印纸的厚度相当，在采用浮法工艺生产的玻璃板中为全球最薄。玻璃的种类属于TFT液晶用玻璃基板等使用的无碱玻璃，有望用于柔性显示器及照明灯等设备。

无碱玻璃的主要成分为二氧化硅、氧化硼及氧化铝等，不含钠及钾等碱性金属。目前已被用作TFT液晶显示器及有机电致发光（Electroluminance，简称EL）显示器基板。旭硝子此前一直致力于玻璃的薄片化，并已开始量产供货0.3mm厚的无碱玻璃作为TFT液晶显示器用玻璃基板。此外，还作为触摸屏用玻璃基板上市了0.28mm厚的钠钙玻璃。

三、中国优秀的液晶玻璃基板生产商

1. 彩虹集团有限公司

彩虹集团有限公司的前身是陕西彩色显像管总厂（国营四四零零

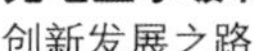

厂),于1982年在陕西省咸阳市建成投产。1996年1月,更名为彩虹集团公司。2003年,国资委成立后,彩虹集团公司成为国资委直接监管的中央企业之一。2012年12月31日,经国资委批准,整体并入中国电子信息产业集团有限公司。2017年11月更名为彩虹集团有限公司(以下简称“彩虹集团”)。

彩虹集团曾是我国首家从事彩色显像管及其玻壳、荧光材料等全套零部件配套的企业,也是我国生产量最大、配套能力最强的彩色显像管生产企业,在电子信息产业重要产品技术领域相继创造出了我国第一只彩色显像管、第一套彩色玻壳、第一只彩色投影管、第一块等离子显示屏、第一块OLED(有机发光二极管)显示屏、第一块液晶玻璃基板、第一块溢流下拉盖板玻璃等多项“中国第一”,取得科技成果330多项,获得专利授权1500多项,累计实现销售收入1800多亿元,实现利税逾百亿元,为我国电子信息产业的蓬勃发展做出了重要贡献。

近年来,随着新型显示器件的蓬勃发展,彩虹集团积极推进企业转型,建立了平板显示、新能源、现代服务业三大主业,重点发展液晶玻璃基板、液晶面板、盖板玻璃、光伏玻璃及电站、发光二极管(Light-Emitting Diode,简称LED)、智慧医疗、智能制造及大数据等战略性产业。其中,液晶玻璃基板填补国内空白,打破国外垄断,并获批建设我国首家平板显示玻璃工艺技术国家工程实验室和国内首批、行业唯一的智能制造试点示范项目。盖板玻璃生产达到国际先进水平。光伏玻璃生产全球领先,规模跃居全球前三。LED技术水平进入国内第一梯队,综合实力位列国内前六。

2008年,我国第一条液晶玻璃基板生产线由彩虹集团建成,这代表我国也有了自主生产液晶玻璃基板的能力,对我国液晶玻璃基板生产以及显示技术行业都有着重要的意义。

作为我国唯一一家拥有高世代液晶基板玻璃和高端盖板玻璃研发、制造技术的企业,彩虹集团已经突破了G8.5+液晶基板玻璃技术瓶颈,实现0.5mm产品成功下线,公司LTPS玻璃基板研发已经完成部分项

目,待进一步论证后可适时量产。

这一系列技术突破标志着我国向高世代基板玻璃产业发展迈出了关键一步,将为国家平板显示产业核心关键材料实现自主研发奠定决定性基础。国产替代加速进阶,有望打破长期以来国外厂商在这一领域的垄断局面。

2. 中国成都中光电科技有限公司

中国成都中光电科技有限公司由中光电科技有限公司与成都高新投资集团有限公司、成都工业投资集团有限公司共同出资于 2009 年 6 月 8 日在成都高新区注册设立,是以投资建设运营液晶玻璃基板为主业的高科技企业。

该公司已创造了多项国内液晶玻璃基板的行业纪录,成为具有国内领先和国际先进技术水平的高端制造企业。早在 2008 年 6 月,在国内液晶玻璃基板行业尚处于国外垄断企业的技术封闭之中时,成都中光电就在 TFT-LCD 玻璃基板技术自主创新的攻坚路上一路前进。

2010 年年底,国内第一片 4.5 代 0.5mm 超薄玻璃基板下线。自此,成都中光电在完全自主创新的技术和成套装备在 TFT-LCD 玻璃基板制造领域有了一席之地。随后的 10 年里,在我国玻璃产业发展不断壮大的情况下,成都中光电在攻坚克难的道路上深耕不辍,从普通的 0.7mm、0.5mm 到超薄的 0.3mm,再到极薄的 0.2mm、0.1mm,解决了 TFT-LCD 玻璃基板设计与生产的产业化难题,其整体技术水平已经达到国际标准。成都中光电依托集团雄厚的技术研发力量,实现了我国在 TFT-LCD 玻璃基板技术领域的重大突破,使我国在 TFT-LCD 市场拥有了更多的话语权,为我国显示产业发展做出重大贡献。

成都中光电在 2018 年 2 月正式试产 LTPS 玻璃基板,3 月 6 日 LTPS 玻璃基板下线,经过全面对比检测,理化性能和品质指标达到行业领先水平。LTPS 玻璃基板的成功研发,标志着成都中光电填补了国内空白。

3. 东旭

东旭成立于 1997 年,其总部及研发中心位于北京,公司旗下拥有东旭光电、东旭蓝天、嘉麟杰三家上市公司、四百余家全资及控股公司，业务遍布20多个省级行政区。2018年底，集团总资产逾2000亿元。

2019年9月1日，2019中国战略性新兴产业领军企业100强榜单在济南发布，东旭排名第39位；2019中国制造业企业500强榜单发布，东旭名列第158位。

东旭的发展多元。1997年，东旭创立，进军高端装备制造领域，迅速跻身成为国内重要的CRT装备制造商；2003年，设立东旭液晶玻璃基板研究所，“产研结合”奠定产业基础。

2008年12月20日，国内首条自主研发的液晶玻璃基板生产线在东旭建成，2009~2010年引领产业升级，率先转型液晶玻璃基板产业。布局第4.5代、第5代TFT-LCD液晶玻璃基板生产线并相继实现量产，东旭迅速实现显示产业的跨越式发展。先后设立等离子玻璃基板研究院、东旭太阳能研究院，助力企业实现迅速成长。2011年6月30日，东旭组织完成的成都中光电项目实现国内首条0.5mm G4.5液晶玻璃基板生产线产品的批量销售。

2012~2014年，打造第一家以光电显示材料为主体的上市公司——东旭光电，着力深耕和打造光电显示材料制造领域。2012年11月16日，旭飞公司“国家地方联合工程实验室”通过发改委批准并授牌。2012年12月，旭飞公司通过国家级高新技术企业认证。

2012年12月10日，东旭100%控股宝石集团。2013年7月18日，芜湖东旭一线引板，标志着东旭首条6代液晶玻璃基板生产线进入正式投入生产，基板龙头地位稳固。

2014年10月10日，东旭光电与北京理工大学共同组建东旭光电石墨烯技术研究院。2014年10月23日，东旭光电与京东方科技集团股份有限公司合作研发面板产线相关设备。2014年12月24日，东旭（昆山）显示材料有限公司成立，用以建设及经营第五代彩色滤光片项目。

2014年12月26日，东旭承建的首家“平板显示国家工程实验室”

在旭新光电成立。2015 年 1 月 14 日，东旭与北京大学光华管理学院签署战略合作协议。2016 年 2 月 22 日，东旭“轻质高应变点液晶玻璃基板装备技术”项目获河北省科技进步一等奖。平板显示国家工程实验室如图 1-9 所示。

图 1-9　平板显示国家工程实验室

东旭旗下的东旭光电，在液晶玻璃基板产业是相当重要的一分子。东旭光电科技股份有限公司于 1996 年在深交所挂牌上市，是全球领先的液晶玻璃基板和光电显示材料供应商。在产业整合与转型升级战略推动下，公司已发展成为集液晶玻璃基板、高端盖板玻璃、OLED 光学膜材等光电显示材料，高端装备制造及系统集成，新能源汽车研发及制造，石墨烯产业化应用为一体的综合性高新技术企业。公司不断发挥现有优势，加强产业协同，推动技术创新，借助国家 2025 中国制造政策东风，拓展智能制造产业，加速推动智慧城市建设与运营，打造中国领先的智能高端制造企业。光电显示材料产业是东旭发展的根基，也是旗下上市公司东旭光电核心业务之一。

东旭光电已成为全球领先的光电显示材料供应商，是目前中国本土最大、全球第四的液晶玻璃基板生产商，也是中国第一、全球前三的盖板玻璃生产商。为顺应新型显示发展趋势，公司在 OLED 载板玻璃、高端盖板玻璃、超薄柔性玻璃（Ultra Thin Glass，简称 UTG）、3D 车载盖板等关键显示材料领域突破多项国际技术垄断，产品指标达到国际一流水准,并与河南安阳、甘肃天水等多地政府合作布局产业化生产,扩张产业版图。作为掌握液晶玻璃基板生产技术和装备生产的国内企业,东旭以进口替代作为发力点,首创液晶玻璃基板产品,打破国际垄断,填补国内空白。目前,公司液晶玻璃基板产品已全面覆盖 G5 ~ G8.5 代线,在建玻璃基板产线已达 20 多条,基板产品量产产能已稳居国内第一、全球第四。公司与下游优质客户京东方等业界伙伴共铸"中国屏",改写缺芯少屏历史,让消费者看上了两三千元的液晶电视。

东旭光电关于玻璃方向的研发成果全面开花。

(1)LTPS 玻璃基板。OLED 作为显示产业的趋势,对基板导电性要求更为苛刻,只有 LTPS 材料才能与之匹配。长期以来,本土面板企业所需 LTPS 玻璃基板严重依赖进口。为扭转上述局面,东旭研发团队创新性地攻克相关技术难题,实现国产替代。东旭 LTPS 玻璃基板在品质方面与美国、日本同类产品处于同一水平,且具备明显的价格优势,已对下游厂商批量供货。

(2)第二代"王者熊猫"屏幕保护玻璃。第二代"王者熊猫"屏幕保护玻璃的抗冲击、抗划伤水平较一代产品提升 10 倍以上。抗落摔方面,该产品在实验室测试中自 2m 跌落,完好无损。凭借卓越的抗落摔性,它可取代金属材质,作为手机等电子产品的后盖使用,进而保证 5G 信号的高效传输,实现对 5G 终端设备的有效匹配。在金刚石刀轮耐划伤测试中,第二代"王者熊猫"屏幕保护玻璃在 1.3kg 载荷条件下,划痕宽度仅如一根头发丝宽度。同时,它柔韧性优异,高度契合各类柔性屏产品。在具备上述特性的同时,该产品更具成本优势,竞争力突出,已被全球知名终端品牌批量使用。

(3)UTG 超薄柔性盖板玻璃。随着折叠屏时代的到来,市场对高端柔性盖板玻璃的需求日益迫切。目前,东旭光电在该领域已取得阶段性成果,其自主研发的 UTG 超薄柔性盖板玻璃在可折叠性、耐磨性及光学性能方面均达到国际领先水平,现已向国际知名手机厂商送样。

(4)建设国家级检测中心。2020 年,东旭光电子公司芜湖东旭光电

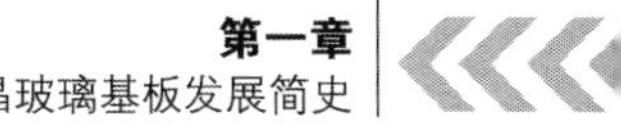

有限公司检测中心通过中国合格评定国家认可委员会认证,被授予实验室认可证书。至此,芜湖东旭光电检测中心成为在平板显示玻璃基板行业内通过中国合格评定国家认可委员会(CNAS)认证的实验室之一。这标志着检测中心具备了国家及国际认可的管理水平和检测能力,可为公司产品研发、品质管控及相关客户提供更严密检测的能力。

作为国内最大的光电显示材料生产商,东旭光电在业界素有"一片玻璃扬国威"的美誉。东旭光电在光电显示领域成功打破了国际巨头的垄断,实现了液晶玻璃基板国产化,已成为中国最大、世界第四的玻璃基板生产商。2018 年,东旭光电在国内液晶玻璃基板市场份额已超过10%,在美国康宁、日本旭硝子(AGC)、日本电气硝子(NEG)之后位居第四。

在掌控光电显示产业命脉的核心原材料上,东旭光电投建的首条8.5 代玻璃基板生产线实现量产,正式迈入生产高世代液晶玻璃基板领域,企业也由此拥有了 G5 ~ G8.5 代线液晶玻璃基板生产能力。G8.5 代线的顺利量产将有助于公司提升市场竞争力、增强公司持续发展能力,将加速推进我国光电显示产业的国产化替代进程。

东旭光电在巩固基板业务的同时,还进一步推动整个产业上下游的整合,积极布局高端显示材料,提高国产化率。该公司先后投资启动了昆山彩色滤光片项目、无锡偏光片项目、江苏蓝宝石光学窗口片及衬底片、曲面盖板玻璃等,逐渐形成了具有综合竞争力的光电产业集群,产业协同不断显现,与下游厂商的议价能力大幅提升,进一步增强了公司产品的营销能力。

目前,东旭光电拥有郑州、石家庄、营口、芜湖、福州五大液晶玻璃基板生产基地,全面覆盖了 G5、G6、G8.5 代线 TFT-LCD 液晶玻璃基板产品,量产产能稳居国内第一、全球第四。

2020 年,又传来好消息,东旭"G6(兼容 G5.5)LTPS 玻璃基板研制与产业化项目"成功实现良品批量下线,打破国际技术垄断,填补国内空白,并获得国内知名面板厂商首批 800 片量产订单。紧随其后,"中国专利金奖”再次花落东旭，其旗下郑州旭飞光电科技有限公司和东旭光电科技股份有限公司发明的“一种液晶玻璃基板的生产方法”斩获金奖。依托该项专利技术，东旭先后建成20多条液晶玻璃基板生产线，实现了我国液晶玻璃基板的产业化、规模化，使我国面板产业从源头上游显示材料领域摆脱技术依赖。其所获中国专利金奖如图1-10所示。

图1-10　中国专利金奖图片

2020年6月29日上午，安徽省科学技术奖励大会召开，会上公布了2019年度安徽省科学技术奖励。芜湖东旭光电科技有限公司、东旭光电科技股份有限公司、东旭“G6(兼容G5.5)LTPS玻璃基板研制与产业化”项目获安徽省科学技术进步奖一等奖。

东旭研发团队创新性攻克了项目难题，技术创新点如下：

(1)发明了一种不含硼的无碱铝硅酸盐LTPS新型玻璃基板化学组成，满足LTPS显示面板制程工艺对玻璃基板高应变点、高玻璃强度、高致密性、低热缩等理化性能提出的严苛要求。

(2)针对LTPS玻璃基板高品质要求和熔制工艺技术难题，采用燃气、电流混合加热熔制技术强化了熔化能力；并创造使用了一种铂金通道中玻璃液处理技术，玻璃均化工艺采用新型铂金通道搅拌装备和定位装置，搅拌效能更为可靠，对于高黏稠玻璃液精炼中微气泡和细粗条纹的工艺处理成效显著，成功实现了高品质玻璃的澄清和均化。

(3)创新设计一种新型护管结构流液洞技术和高效电极砖冷却机

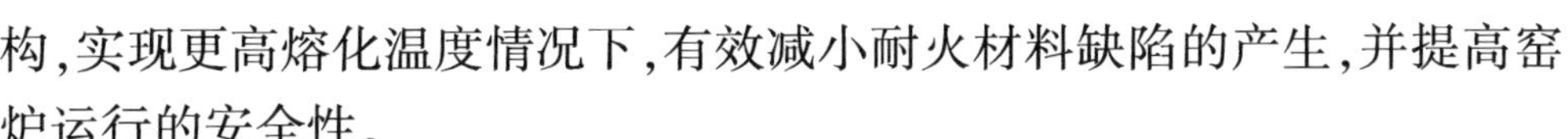

构,实现更高熔化温度情况下,有效减小耐火材料缺陷的产生,并提高窑炉运行的安全性。

(4)开发应用新型加热器控制装备解决了温度梯度控制难题、耐高温材质多单元加热器定型炉及新型定型炉温度控制系统,有效提升了高温成型的安全性,并实现了高黏度玻璃成型时严苛的温度场控制。

(5)LTPS 玻璃黏度相对较高,玻璃延展困难,拉边机构对于玻璃延展成板作用巨大,发明了一种拉边机辊轴及拉边机,其特殊冷却机构为高温条件工艺可靠性提供保证;开发出一种多功能段式玻璃拉边轮装备技术,极大地增强了玻璃在延展时所受夹持力的控制输出的稳定性,新型拉边轮解决了 LTPS 玻璃成型中延展成板困难难题,并有效避免展板中耳料部位的撕裂。

(6)开发出一种牵引辊稳定运行装置,成功解决了高温状态下牵引机构运行不稳定对品质影响的难题;为解决牵引辊在高温状态下的变形问题,开发出新型牵引辊驱动装置,使其高温运转稳定性大为提升;开发出一种成型电气控制系统有效改善加热回路控制的稳定性,保障了严苛工艺控制要求的达成。以上措施的实施,实现了 LTPS 玻璃基板对厚度极差、翘曲、应力等品质工艺要求。项目产品已对客户大批量供应,实现国产化替代,与美国、日本厂商同类型的玻璃基板品质性能处于同一水平。直接或间接实现了可观的经济效益,除了给国内面板工厂直接采购降本,同时使国内面板工厂在玻璃基板等核心材料与国外供应商的议价能力大幅增强,由此带来的隐性降本金额每年达亿元以上。

项目产品绿色环保、技术水平达到国际先进水平,填补了国内空白,促进国内平板显示玻璃基板制造业及产业链的健康发展。增强了 LTPS 玻璃基板供应链的稳定和安全性。扩大了我国高端平板显示材料器件国产化,直接带动包括手机、电脑、显示器、电子导航等消费类电子产品的发展。对项目实施地劳动就业、物流发展起到积极推动作用,社会效益显著。

项目拥有 G6(兼容 G5.5)LTPS 玻璃基板核心专利 19 项,其中发明

专利8项。

目前,显示面板行业的新型显示技术发展日新月异,这里孕育着重大的突破和变革。我国显示产业已进入发展的攻坚期和深水区,需着力解决投资主体相对分散与产业资源集聚、依靠成熟技术满足当前需求与前瞻性技术布局、产业规模迅速扩张与质量效益提升之间的不协调、不平衡问题。

我国在产业链中下游已具备很强的产业基础,进一步向全球价值链中高端迈进是产业提升的必由之路。我们也需要不断根据国家战略需要,结合自身优势推进新兴产业关键点的突破,掌握产业话语权,突破中国产业发展的瓶颈,彻底改变国内液晶面板行业受制于国外技术的局面。

第二章
面板产业链分析

第一节　液晶面板产业分析

一、液晶面板产业基本概念

在液晶面板产业，液晶显示器（Liquid Crystal Display，简称 LCD）是平板显示技术（Flat Panel Display，简称 FPD）的一种，基于液晶材料特殊的理化与光电特性，是目前平板显示技术中发展最成熟、应用最广泛的显示器件，主要应用于电视、显示器、笔记本电脑、平板电脑、智能手机等领域。它的主要原理是以电流刺激液晶分子产生点、线、面配合背部灯管构成画面。

液晶显示器的工作原理：液晶是一种介于固体和液体之间的特殊物质，它是一种有机化合物，常态下呈液态，但是它的分子排列却和固体晶体一样非常规则，因此取名液晶。它的另一个特殊性质在于，如果给液晶施加一个电场，会改变它的分子排列。这时如果给它配合偏振光片，它就具有阻止光线通过的作用（在不施加电场时，光线可以顺利透过）。如果再配合彩色滤光片，改变加给液晶电压大小，就能改变某一颜色透光量的多少，也可以说改变液晶两端的电压就能改变它的透光度（但实际中这必须和偏光板配合）。

液晶面板是决定液晶显示器亮度、对比度、色彩、可视角度的材料，而且液晶面板质量、技术的好坏也关系到液晶显示器整体性能的高低。

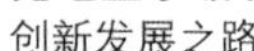

液晶面板能否达到真彩显示的16.7M色彩，其含义是指在红、绿、蓝（R.G.B）三个色彩通道都具有在物理上显示256级灰阶的能力。产量、优劣及市场环境等多种因素都影响着液晶显示器自身的质量、价格和市场走向，因为一台液晶显示器其80%左右的成本都集中在了面板上。

二、液晶面板分类和特点

液晶显示面板的发展起源于美国，在20世纪60年代的时候，美国在液晶显示面板方面进行了开发，在经过多年的经验积累以及技术的不断进步，已经在液晶显示面板技术水平上取得了很大程度进步。我国对液晶显示面板产业的发展相对比较晚，但在技术进步的速度较快，目前已经成为液晶显示面板生产大国，在产量上得到了稳步增加，在世界市场的占有额也不断提高。

1.TN面板

TN面板全称为扭曲向列型（Twisted Nematic）面板，低廉的生产成本使TN面板成为应用最广泛的入门级液晶面板，在市面上主流的中低端液晶显示器中被广泛使用。我们看到的TN面板多是改良型的TN+film，film即补偿膜，用于弥补TN面板可视角度的不足，改良的TN面板的可视角度都达到160°。当然这是厂商在对比度为10:1的情况下测得的极限值，实际上在对比度下降到100:1时图像已经出现失真甚至偏色。

作为6Bit的面板，TN面板只能显示红、绿、蓝各64色，最大实际色彩仅有262144种，通过“抖动”技术可以使其获得超过1600万种色彩的表现能力，只能够显示0到252灰阶的三原色，所以最后得到的色彩显示数信息是16.2M色，而不是我们通常所说的真彩色16.7M色；加上TN面板提高对比度的难度较大，直接暴露出来的问题就是色彩单薄，还原能力差，过渡不自然。

TN面板的优点是由于输出灰阶级数较少，液晶分子偏转速度快，响应时间容易提高,市场上 8ms 以下液晶产品基本采用的是 TN 面板。另外,三星公司还开发出一种 B-TN(Best-TN)面板,它其实是 TN 面板的改良型,主要为了平衡 TN 面板高速响应必须牺牲画质的矛盾。同时,对比度可达 700:1,已经可以和多象限垂直配向技术(Multi-domain Vertical Alignment,简称 MVA)或者早期 PVA(Patterned Vertical Alignment,属于 VA 技术范畴)面板相接近了。TN 面板属于软屏,用手轻划会出现水纹。

2. VA 类面板

VA 即垂直对准(Vertical Alignment)。VA 类面板是高端液晶应用较多的面板类型,属于广视角面板。与 TN 面板相比,8bit 的面板可以提供 16.7M 色彩和大可视角度是该类面板定位高端的资本,但是价格也相对 TN 面板要昂贵一些。VA 类面板又可分为由富士通主导的 MVA 面板和由三星开发的 PVA 面板,其中后者是前者的继承和改良。VA 类面板的正面(正视)对比度最高,但是屏幕的均匀度不够好,往往会发生颜色漂移。锐利的文本是它的“杀手锏”,黑白对比度相当高。

富士通的 MVA 技术可以说是最早出现的广视角液晶面板技术。该类面板可以提供更大的可视角度,通常可达到 170°。通过技术授权,中国台湾地区的奇美电子(奇晶光电)、友达光电等面板企业均采用了这项面板技术。改良后的 P-MVA 类面板可视角度可达接近水平的 178°,并且灰阶响应时间可以达到 8ms 以下。

三星 Samsung 电子的 PVA 技术同样属于 VA 技术的范畴,它是 MVA 技术的继承者和发展者。其综合素质已经全面超过后者,而改良型的 S-PVA 已经可以和 P-MVA 并驾齐驱,获得极宽的可视角度和越来越快的响应时间。PVA 采用透明的 ITO(Indium Tin Oxides,一种 N 型氧化物半导体——氧化铟锡)电极代替 MVA 中的液晶层凸起物,透明电极可以获得更好的开口率,最大限度减少背光源的浪费。这种模式大大降低了液晶面板出现“亮点”的可能性,在液晶电视时代的地位就相当于显像管电视时代的“珑管”。三星主推的 PVA 模式广视角技术,由于其强大的产能和稳定的质量控制体系，被日本、美国厂商广泛采用。PVA 技术广泛应用于中高端液晶显示器或者液晶电视中。VA 类面板也属于软屏，用手轻轻划会出现水纹。

3. IPS 面板

IPS 即平面转换（In-Plane Switching）。IPS 技术是日立公司于 2001 年推出的液晶面板技术，也称“Super TFT”。IPS 阵营以日立为首，聚拢了 LG-飞利浦、瀚宇彩晶、IDTech（奇美电子与日本 IBM 的合资公司）等一批厂商，不过在市场能看到的型号不是很多。IPS 面板最大的特点就是它的两极都在同一个面上，而不像其他液晶模式的电极是在上下两面，立体排列。由于电极在同一平面上，不管在何种状态下液晶分子始终都与屏幕平行，会使开口率降低，减少透光率，所以 IPS 应用在 LCD TV 上会需要更多的背光灯。此外，还有一种 S-IPS 面板，属于 IPS 的改良型。

IPS 面板的优点是可视角度高、响应速度快、色彩还原准确、价格便宜。缺点是漏光问题比较严重、黑色纯度不够、比 PVA 稍差，因此需要依靠光学膜的补偿来实现更好的黑色。IPS 面板主要由 LG-飞利浦生产。与其他类型的面板相比，IPS 面板的屏幕较为“硬”，用手轻轻划一下不容易出现水纹样变形，因此又有硬屏之称。仔细看屏幕时，如果看到是方向朝左的鱼鳞状像素，加上硬屏的话，那么就可以确定是 IPS 面板了。

4. CPA 面板

CPA 即连续焰火状排列（Continuous Pinwheel Alignment）。CPA 模式广视角技术严格来说也属于 VA 阵营的一员，各液晶分子朝着中心电极呈放射的焰火状排列。由于像素电极上的电场是连续变化的，所以这种广视角模式被称为“连续焰火状排列”模式。而 CPA 则由“液晶之父”夏普主推，这里需要注意的是夏普一向所宣传的 ASV 其实并不是指某一种特定的广视角技术，它把所采用过 TN + Film、VA、CPA 广视角技术的产品统称为 ASV。其实只有 CPA 模式才是夏普自己创导的广视角技术。该模式的产品与 MVA 和 PVA 基本相当。也就是说，夏普品牌的

LCD 电视未必就是采用夏普自己生产的 CPA 模式液晶面板,它有可能采用台湾企业生产的 VA 模式面板或者其他企业生产的液晶面板。夏普的 CPA 面板色彩还原真实、可视角度优秀、图像细腻、价格比较贵,并且夏普很少向其他厂商出售 CPA 面板。CPA 面板也属于软屏,用手轻划会出现水纹。

5. ADSDS 面板

ADSDS 即高级超维场转换技术(Advanced Super Dimension Switch)。严格意义上属于 IPS 阵营,是对传统 IPS 面板的技术改进。但与 IPS 不同的是 ADSDS 面板采用 ITO 透明电极代替传统的金属电极,增加了开口率和透过率,配合类似 IPS 面板的液晶分子排列方式,可以提升液晶面板的色彩表现力。ADSDS 由我国液晶面板供应商主推,主要应用在自有品牌的液晶电视上。

此外,还有一些厂商也有自己的液晶面板技术,比如 NEC(日本电气公司)的外视图(Extra View)技术、松下的光学补偿双折射(Optical Compensated Birefringence,简称 OCB)技术、现代的边缘场切换(Fringe Field Switching,简称 FFS)技术等。这些技术都是对旧的 TFT 面板的改进,提供了可视角度和响应时间,通常只用在自有品牌的液晶显示器或者液晶电视上使用。其实以上这些面板都属于 TFT 类面板,只不过各种面板有自己的技术和名称,所以 TFT 这个名字反而不常使用了。

三、液晶面板的相关技术特点

目前,TFT-LCD 的基底材料主要有三种,分别是 a-Si、铟镓锌氧化物(Indium Gallium Zinc Oxide,简称 IGZO)和低温多晶硅(Low Temperature Poly-silicon,简称 LTPS)。

a-Si 指的是非晶硅,早期的 TFT-LCD 都是采用 a-Si 作为基底材料。a-Si 成本低廉,技术含量较低,初期普及速度很快,但是 a-Si 电子迁移率低,而屏幕的像素密度(Pixels PerInch,简称 PPI)与电子迁移率成正比,因此采用a-Si作为基底材料的LCD面板分辨率偏低。同时,a-Si晶体管开关本身面积过大,导致面板的亮度无法做高,这也限制了a-Si面板的发展。

现代消费者对数码产品显示屏的要求在不断提高,更高的分辨率、更快的响应速度、更轻薄的体积和更丰富的色彩是面板技术永恒的追求。因此,IGZO与LTPS技术的产生,大大拓宽了LCD的发展空间。

IGZO用作新型薄膜晶体管中的沟道材料。IGZO是金属氧化物(Oxide)面板技术的一种,具有电子迁移率高、透明、均一性好和易于制造的优点。与a-Si相比,IGZO的光稳定性好,且具备很强的弯曲性能,能用于柔性显示。然而,IGZO也有使用寿命短、对水和氧敏感等缺点,因此需要覆盖一层保护层,对量产有阻碍。

LTPS技术优势明显,高端产品使用率高。a-Si和IGZO技术都存在或多或少的缺点,目前发展最为迅速的技术是LTPS技术。LTPS是由非晶硅经过激光均匀照射后非晶硅吸收内部原子发生能级跃迁形变成为多晶结构而形成的。相比于a-Si和IGZO技术,LTPS的电子迁移率更高,从而可以支持更高的分辨率,且其反应速度更快、亮度更亮。更重要的是,LTPS技术是OLED面板的完美搭配,OLED面板堆基板的导电性要求很高,只有LTPS才能符合要求。

三种晶体管基底技术都是各有优劣,没有哪一种技术可以独占市场。a-Si技术由于低成本和成熟的技术更多是被大尺寸面板生产所采用;LTPS更适合对分辨率和刷新率等要求更高的中小尺寸面板;IGZO介于两者之间,价格较LTPS低,性能比a-Si好,在中大尺寸面板更有优势。随着消费升级和面板技术的进步,制约先进技术发展的成本问题会逐步得到解决,LTPS种综合性能最高的技术渗透率必然得到进一步提升。

TFT-LCD可视角度小,在较大的角度观看时画面就会失色,对比度和颜色表现都很差,这样的液晶电视不适合家庭使用。广视角技术不仅关系到液晶显示器的可视角度,还直接影响到了液晶面板的响应时间、亮度等其他性能参数,所以各大厂商都在不断改进广视角技术。

液晶电视主流的广视角技术,主要是利用液晶分子的双向倾斜以大幅度缩短响应时间,改变液晶分子配向让视角更宽;而OCB技术,则是光补偿双折射的方法,减少了加电状态下液晶分子的偏转角度;NEC的ExtraView技术,增加了浏览角度;现代的FFS技术,使用了透明的ITO电极让透光率提高。这些技术虽然以改善视角为主,但响应时间的缩短、色泽的表现、对比度的提高也都包含其中。通过这些技术的不断完善和应用,市场上主流的液晶面板的可视角度都达到了170°,已经不会对从不同角度观看造成影响,还有一些超广角的产品达到178°。

随着液晶显示技术的发展,TFT-LCD响应时间变得越来越短,主流的液晶面板都已经达到了8ms。主要的快速响应技术有过驱动技术和黑屏插入技术,还有一点特别的是广视角技术在增大视角的同时也降低了响应时间。黑屏插入技术是在每个图像帧之间插入黑色帧。当显示器完成一帧的画面显示后,再插入一帧纯黑色画面,或者关掉背光灯,就相当于"切"掉了画面的拖影,从而改善了视觉效果;过驱动技术就是施加的驱动电压在起始的时候稍高于目标状态的对应电压,使得液晶分子转动的速度更快。当到达目标状态时,电压再回落至目标状态的对应电压,这样就有效缩短了反应时间。

四、液晶面板产业国内外发展现状

过去十年,我国平板显示产业实现了跨越式发展,产业整体规模已跻身全球前三。我国面板产能急速扩张,日本面板厂商虽掌握大批关键技术,但是逐渐失去价格竞争优势,压缩面板产能。随着我国大陆高世代线的相继投产,面板产能、技术水平稳步提升,产业竞争力逐渐增强,我国逐渐成为全球最大的液晶面板生产基地。

2019年全球液晶电视面板的总出货量为2.87亿台。其中,中国大陆液晶电视面板供应过剩,价格大幅下跌。由于面板价格的下降,韩国制造商纷纷退出或暂停液晶电视面板的生产。中国台湾地区液晶电视面板制造商也转移到了附加值更高的广视角 IT 面板产业。2019 年,中国大陆液晶电视面板的出货量为 1.37 亿台,韩国出货量为 0.75 亿台,日本出货量仅有 760 万台。

在液晶显示器方面,2019 年韩国的出货量达到 4850 万台,排名第一。中国大陆的出货量为 4670 万台,日本的出货量仅有 10 万台。

笔记本面板在 2019 年全球经济增速放缓,国际贸易摩擦不断,英特尔 CPU 持续缺货的背景下,出货量仍迎来小幅成长。其中,中国大陆地区的出货量为 6780 万台,韩国出货量为 2960 万台。

如今,液晶面板的应用已经越来越趋向于大尺寸高清的方向发展,大尺寸和高清化的发展趋势带动了全球 LCD 需求面积的增长。虽然面板行业整体增速受限,但是大尺寸面板需求增速相对维持在高位。2016 年,液晶市场 55in 和 65in 的电视成为畅销产品,2017 年 48in 以下的液晶面板需求有所减少,而 50in、55in、65in 等大尺寸面板的需求持续升温。

近几年来,电视面板的技术升级以画质提升和外观改善为主线,特别是在大尺寸化浪潮中,消费者对画质越来越重视,8K(电视视频技术,分辨率为 7680×4320)以及 Mini LED(亚毫米发光二极管,是指尺寸在 100μm 量级的 LED 芯片,尺寸介于小间距 LED 与 Micro LED 之间,是小间距 LED 进一步精细化的结果)背光电视等高技术附加值的产品渗透率将迎来稳定增长。

群智咨询(Sigmaintell)数据显示,2019 年全球液晶电视面板的出货平均尺寸达到了 45.3in,同比增长了 1.4in。从尺寸结构来看,65in 及以上的大尺寸面板比重增幅明显,其中 65in 的占比达到 7.4%,增长了 2.2 个百分点;75in 的比重也增长了 1 个百分点,达到 1.7%。而 55in 受到 58in 及 65in 更大尺寸的挤压,市场占比首次下降。随着越来越多 G10.5 产能释放,将对 65in 和 75in 面板供应形成保障,面板厂商更是加速挺进,积极布局 80in 以上超大尺寸产品。群智咨询预计,2020 年大尺寸需求将维持强劲的增长。各面板世代线适合切割产品的尺寸见表 2-1。

各面板世代线适合切割产品的尺寸　　表 2-1

面板世代线	玻璃基板尺寸	产 品 尺 寸
4.5 代线	730mm×920mm	12.1in 以下
5 代线	1100mm×1300mm	32in 以下
5.5 代线	1300mm×1500mm	32in 以下
6 代线	1500mm×1850mm	32in 以下
7 代线	1950mm×2250mm	43in 以下
8 代线	2160mm×2460mm	55in 以下
8.5 代线	2200mm×2500mm	55in 以下
10 代线	2880mm×3100mm	60in 以下
10.5 代线	2940mm×3370mm	65in、75in 以下
11 代线	3000mm×3320mm	85in 以下

在画质的提升上，最重要的方向之一是提升分辨率，目前 4K（分辨率为 3840×2160）已经普及，8K 成为产业的热点。8K 产品的推出有望加速改善产品结构，提高盈利能力，面板厂积极规划 8K 产品。目前，主力厂商是三星显示（SDC）和友达（AUO），但京东方（BOE）、华星光电等均有积极规划。而下游品牌来看，到 2020 年初几乎所有的主力品牌都加入 8K 阵营，其中三星电子最为积极。

随着 8K 技术瓶颈突破，产业链区域成熟，8K 的成本将随之下降，带动出货规模和渗透率的提升。根据群智咨询的研究发现，当同尺寸 4K 与 2K（分辨率为 2560×1440）的价差小于 20% 的水平，4K 产品的渗透率呈现爆发式增长。依此推算到 8K 产品，当同尺寸 8K 与 4K 的面板价差接近 25% 的水平，预计 8K 产品渗透率将快速增长。因此，群智咨询预测，2020 年全球 8K 面板市场规模将在 2018 年基础上翻倍，预计 2021 年全球 8K 液晶电视面板的出货量将达 160 万台。而 2022 年全球 8K 规模有望超过 700 万台，渗透率提升到 2.7%。

目前,面板行业有两个非常明显的变化趋势。首先,各厂商均在逐步提升大尺寸 TFT-LCD 的产能,过剩的中小尺寸产能逐渐削减,其次,随着 OLED 显示技术在手机和高端电视中的渗透率日益提升,各主要厂商均在积极扩张 OLED 面板产能,2022 年,中国制造商的市场份额则将从 2017 年的 5% 增至 2022 年的 26%。

五、液晶面板产业链分析

液晶面板产业(TFT-LCD)属于典型的资金密集和技术密集型产业,涉及光学、半导体、电子工程、化工、高分子材料等各领域,具有技术壁垒高、技术更新快、产品竞争激烈、市场前景广阔等特点,需要上下游产业链进行密切的专业分工合作,才能生产出最终的整机产品。

从产业链来看,液晶面板产业可以分为上游基础材料、中游面板制造以及下游终端产品三个部分。其中,上游基础材料包括:玻璃基板、彩色滤光片、偏光片、液晶材料、驱动 IC、背光模组。中游则主要是面板制造厂为主的加工制造,包括:阵列(Array)、成盒(Cell)、模组(Module),通过在玻璃基板上制作 TFT 阵列和彩色滤光片(Color Filter,简称 CF)基板,将 CF 作为上板和 TFT 下板自建灌注液晶并贴合,最后再贴上偏光片,连接驱动 IC 和控制电路板,与背光模组进行组装,最终形成整块液晶面板模组。下游终端产品包括:液晶电视、笔记本、智能手机、车载电视、音乐文件的播放器(Moving Picture Experts Group Audio Layer-3,简称 MP3)和其他消费类电子,是以各种领域各类应用终端为主的品牌商、组装厂商等。目前,美国和日本以及德国主要致力于行业上游原材料,而韩国、中国则主要在行业中游面板制造环节谋求发展。TFT-LCD 产业链全景图如图 2-1 所示。

不同尺寸和质量的液晶面板物料成本构成相差很大,一般来说背光模组、彩色滤光片、偏光片和印制电路板(Printed Circuit Board,简称 PCB)四个部分占整个液晶面板成本的 70% ~80%,且面板尺寸越大,背光模组、彩色滤光片和偏光片的成本占比越高。

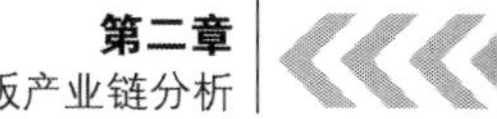

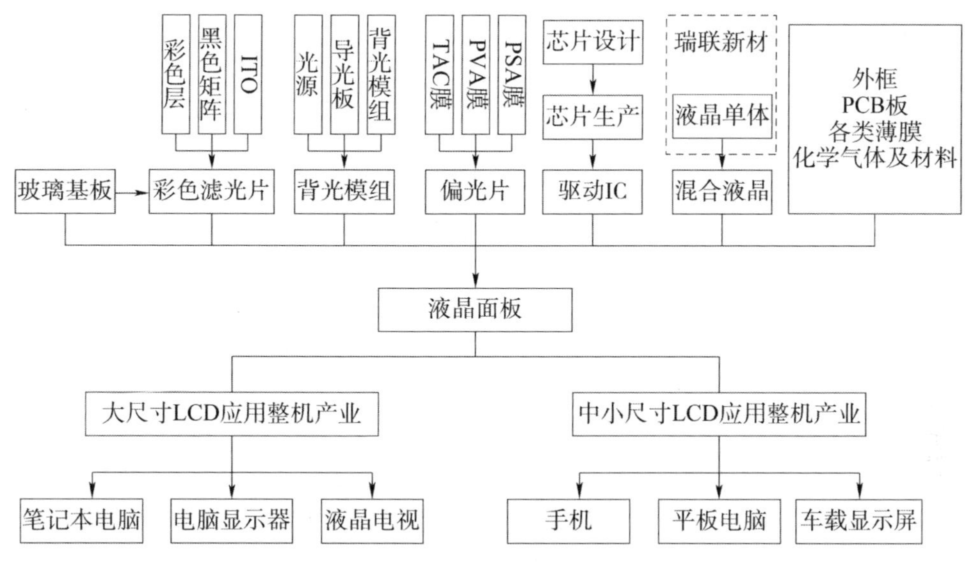

图 2-1　TFT-LCD 产业链全景图

1. 显示面板产业链上游

1) 液晶材料

液晶分为单晶和混晶，任何一种单晶不能直接用于显示，液晶显示材料配方中需混合 10 ~ 20 种不同的单晶，称为混晶。单晶是混晶的必备材料，混晶生产商自己生产一部分单晶，其余由专业单晶生产商生产。单晶相比于混晶的附加价值低，生产重心已向我国转移，国内生产单晶的厂商主要有烟台万润、西安瑞联、上海康鹏等。混晶的技术垄断性较强，被德国默克（Merck）、日本智索（Chisso）和大日本油墨（DIC）三家占据了市场 96% 的份额。国内从事混晶材料的公司主要有诚志永华和清华亚王，产品主要用于低端市场，约占低端产品 70%。全球液晶材料市场基本被德、日企业垄断。

2) 玻璃基板

玻璃基板是一种高性能玻璃，是 TFT-LCD 面板行业上游最重要的原材料之一，也是运输成本最高的原材料之一。玻璃基板之所以在产业链中占据如此重要的地位，是因为液晶显示器的分辨率、透光度、质量、视角等都与玻璃基板的性能密切相关。每一块 TFT-LCD 面板，都需要两片相同大小的玻璃基板，分别用作薄膜电晶体基板(TFT 基板)和彩色滤光片基板(CF 基板)。

近几年 TFT-LCD 行业景气度持续提升，出货面积屡创新高，市场对玻璃基板的需求也与日俱增。由于投资门槛高、技术风险大，海外玻璃基板企业长期对核心技术严密封锁，导致国内面板企业主要依靠进口解决玻璃基板的来源问题。

全球近 200 亿美元的利润主要被四家厂商瓜分，康宁(包括三星康宁合资公司)约占了全球市场的一半，日本的旭硝子、电气硝子分别占据了 25.8%、19.6% 的份额，安翰视特占 3.6%。本土企业主要为东旭光电、彩虹集团和中国建材几家公司。

东旭旗下上市公司东旭光电在光电显示、石墨烯和新能源汽车三个方向均实现新突破，在 2010 年于郑州组织建成我国首条具有自主知识产权，与 G4.5 兼容的 G5 玻璃基板生产线，制造出高均匀超净面强理化性能的玻璃基板，获得国家火炬计划产业化示范项目。经过多年发展，作为国内最大的光电显示材料生产商，东旭光电成功打破了国际巨头的垄断，实现了液晶玻璃基板国产化，从第 5 代液晶玻璃基板到第 8.5 代玻璃基板，共计 20 余条生产线，已成为我国最大、世界第四的玻璃基板生产商。

我国是全球最大的消费电子生产国和消费国，玻璃基板的需求随着消费电子市场的增长呈现出快速扩张的状态，世界各个玻璃基板生产商纷纷抢入国内市场。国内主要液晶面板产线和玻璃基板来源见表 2-2。

国内主要液晶面板产线和玻璃基板来源 表 2-2

企　业	产　地	年产能(万片/月)	玻璃基板来源
京东方	北京	9	康宁(熔炉+裁切)
	合肥	9	康宁(主要从韩国等运，少量从中国北京运，本地裁切)
	重庆	9	待定，熔炉可能本地化配套

续上表

企　业	产　地	年产能(万片/月)	玻璃基板来源
华星光电	深圳	12	旭硝子(从中国台湾运,本地裁切)
	深圳	12	旭硝子(从中国台湾运,本地裁切)
三星	苏州	9	康宁(从韩国运,本地裁切)
LG	广州	12	电气硝子(从日本运,本地裁切),可能自建熔炉
中电熊猫	南京	9	待定,熔炉可能本地化配套

3)偏光片

偏光片市场主要被日韩企业垄断,2019 年偏光片市场前三大厂商分别为 LG 化学、日东电工与住友化学,合计市场占有率高达 65%,三星 SDI(三星集团在电子领域的附属企业)排名第四,占全球产能的 9%。中国台湾地区厂商奇美材料、明基材料与力特光电共占 15%。中国大陆厂商盛波光电、三利谱以及胜宝来约占 8%,其他厂商则占约 3%。

自 2012 年起,中国偏光片产能占全球总产能的比例逐渐升高。2012 年该比例仅为 4.3% 左右,近年来我国产能占比不断提升,2019 年底产能占比达 20% 左右。随着国内面板产能快速投放,偏光片需求高成长趋势明显,国内偏光片市场规模持续快速增长。国内偏光片行业于 2019 年市场规模接近 40 亿美元,2021 年将超 50 亿美元,年均复合增速超过 13%。

偏光片上游的各种原材料主要是各种光学材料。以现在主流的生产工艺来看,材料成本约占偏光片全部成本的 73%,材料成本中,三醋酸纤维素(Tri-cellulose Acetate,简称 TCA)膜(56%)和聚乙烯醇薄膜(PVA)膜(16%)占大部分,其他分别为增亮膜(10%)、保护膜(8%)、亚敏胶(5%)、其他(包括离型膜、相位差膜等共 5%)。

TAC 膜产能基本被日本垄断,全球 TAC 膜产能约为 17.35 亿 m^2,其中日本三家TAC膜厂商(日本富士、柯尼卡美能达、日本瑞翁)产能占全球TAC膜总产能约68.88%,韩国企业晓星和SKI(鲜京集团旗下子公司)占10.95%。我国在TAC膜上有布局的是东氟塑料、新纶科技和中国乐凯。

PVA膜日本可乐丽一家独大,占LCD用PVA膜总出货量的70%。我国企业中,皖维高新2014年通过收购控股股东资产方式进入PVA光学膜行业。

4)背光模组

背光模组是显示面板最贵的部分,占成本20%以上,但是技术难度不高,属于劳动密集型产业,全球绝大部分背光模组都是在我国生产。但是背光模组60%左右的成本来自光学膜,主要包括扩散膜、反射膜、增亮膜等,这方面国产发展速度很快。国内比较专注扩散膜、反射膜、增亮膜生产的宁波激智科技,增长很快;光学膜国产康得新已经是世界最大的光学膜生产企业之一。

然而,更上游的材料,国产还需要继续努力。这些光学膜的生产主要原料是光学基膜,要生产光学膜,就要采购光学基膜,目前在光学基膜方面,全球80%以上的产能被三菱树脂、东丽、帝人、杜邦、可隆、SKC(韩国SK集团的子公司)、东洋纺等几大巨头所垄断。国产的企业有中国乐凯集团、康得新、裕兴股份、南洋科技等。

5)面板自动化设备

中国台湾地区面板设备厂商主要专注LCD面板后段制程设备及检测设备。LCD液晶面板制造主要分为三段,前段阵列(Array)制程、中端成盒(Cell)制程以及后段模组(Module)制程。其中,前两段工艺制程技术难度较大,目前日本、韩国、美国仍占据着绝对的主导地位。中国台湾地区的面板设备厂商目前在后段设备已基本实现自主生产,并有向中前端拓展的趋势。此外,检测设备贯穿整个面板生产线,台湾设备厂商在三段制程中均已实现布局。LCD液晶显示面板工艺制程及所用设备如图2-2所示。

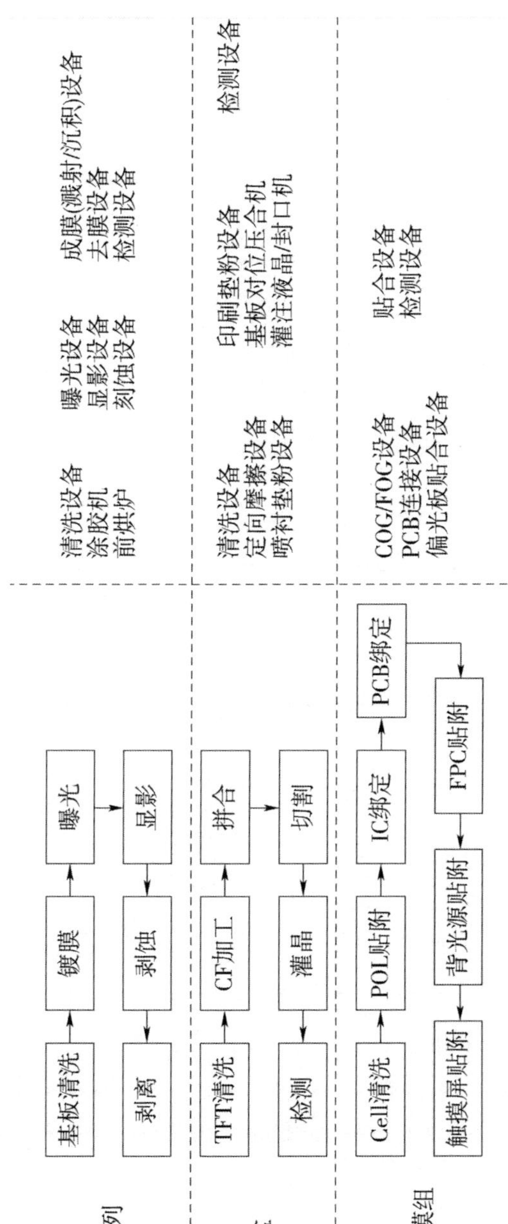

图 2-2　LCD 液晶显示面板工艺制程及所用设备

与台湾设备厂商切入的角度类似，大陆面板设备厂商也是从后段模组制程设备及检测设备起步。目前，大陆面板设备厂商发展较快的企业包括：专注面板设备检测国内龙头精测电子，以及在后段模组制程设备的主要供应商鑫三力（智云股份子公司）、联得装备、深科达及集银科技（正业科技子公司）、太原风华（未上市）等几家厂商。

2. 显示面板产业链中游

这是显示面板产业生产最重要的组成部分，目前面板生产厂商主要来自中国、日本和韩国。除了传统势力强劲的日韩企业外，中国大陆的企业也在迎头赶上。

3. 显示面板产业链下游

主要是华为、惠普、戴尔、三星、索尼、LG、联想、海信等全球一线消费电子品牌厂商，主要应用于电视、监视器、笔记本、平板计算机以及智能手机等五大面板终端。

第二节　面板设备厂商布局动态

面板设备涉及整个产业链的上、中、下游各企业，目前我国液晶面板产能已问鼎全球、柔性 AMOLED 面板产能也直追韩国。工信部聚焦“一块屏”，推动显示面板行业上下游协同创新，欲打破材料和设备的瓶颈，更好掌握显示产业链的话语权。工信部电子信息司 2019 年以来多次召集显示器制造企业和上游材料企业开会讨论，为出台相关政策做准备。

我国 LCD 设备投资占该行业全球投资比例还将不断上升，事实上，在京东方、TCL 华星等面板企业的带动下，中国面板产业链上游的发光材料、柔性材料、检测设备、模组设备等配套企业不断突围。这将是我国从“面板大国”向“面板强国”转型的关键。

一、上游配套企业发展状况

2019 年，工信部电子信息司司长乔跃山在合肥举办的“首届世界显示产业大会”上表示，在显示面板不断取得进步的同时，中国上游材料及装备等配套产业实力也逐步增强，玻璃基板、液晶、偏光片等关键材料逐步实现量产并开始规模化应用，产业链协同发展趋势更为明显。他还提出建议，支持优势面板企业与配套企业协同创新，形成紧密合作关系，共同提高关键材料与核心设备的技术水平及供给能力，形成健康可持续发展的产业生态体系。

中国电子信息产业发展研究院副院长刘文强在《新型显示产业发展白皮书（2019）》的报告中介绍，中国大陆已成为全球重要的面板生产基地。仅京东方、TCL 华星、富士康已建成的 4 条 10.5 代液晶面板生产线，就合计投资 2000 亿元，规模年产能 5000 万 m^2；京东方、TCL 华星、维信诺、天马、和辉光电、柔宇科技已建成的 7 条 6 代柔性 AMOLED 面板生产线，就合计投资 2200 亿元，规划年产能 800 万平方米。

从中国新型显示产业 2018 年营收构成看，显示器件（面板）占比 75%；上游材料占比 23%，上游装备占比 2%。目前，新型显示上游材料国产化率为 48%，覆盖玻璃基板、靶材、偏光片、掩膜版、驱动芯片、OLED 发光材料等；新型显示设备国产化率为 10%，覆盖曝光机、涂胶机、蒸镀机、清洗设备、检测设备等。中国新型显示产业 2018 年营收构成和国产化率如图 2-3 所示。

2019 年 1 月 15 日，合肥清溢光电“8.5 代及以下高精度掩模版”项目奠基，项目总投资 10 亿元，计划年产能 1250 万片 LTPS 和 AMOLED 用掩膜版。2019 年 4 月 1 日，皖维集团年产 700 万 m^2 偏光片项目开工，项目投资 3.5 亿元，预计将于 2020 年建成。

2019 年 5 月 28 日，四川阿格瑞 OLED 新材料项目一期封顶。该项目总投资 10 亿元，将建成年产 30 吨 OLED 高纯材料的生产基地。2019 年 6 月 18 日，蚌埠中光电公司 8.5 代 TFT-LCD 玻璃基板生产线成功建成，项目总投资 25 亿元，计划年产能为 150 万片 TFT-LCD 玻璃基板。

2019 年 8 月，《促进制造业产品和服务质量提升的实施意见》指出，推动信息技术产业迈向中高端，支持印刷及柔性显示创新中心建设，加强关键共性技术攻关。2019 年 2 月，《超高清视频产业发展行动计划（2019—2022 年）》发布，上海、广东、安徽、四川相继发布落地措施，其中广东将推进打造新型显示“材料—面板—模组—整机”纵向产业链。

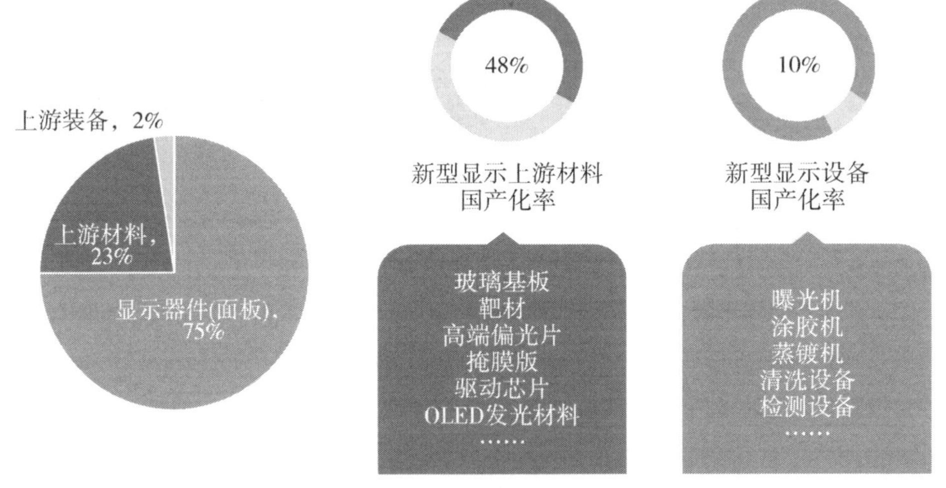

图 2-3　中国新型显示产业 2018 年营收构成和国产化率

目前中国新型显示产业面临的问题之一，就是产业链配套能力薄弱、生态体系不健全。建议纵向打通材料、设备、零组件到终端的供应链，鼓励以面板企业为龙头，采用市场化手段带动上游企业发展，开展多层次、全方位的产业生态体系建设，打造具备国际竞争力的产业集群。

二、中游设备企业发展状况

2019 年 8 月 30 日，CINNOResearch（群辉华商咨询）首席分析师周华在 2019 中国国际 OLED 产业大会上作《中国 OLED 产业设备与材料国产化趋势》报告时说，从 OLED 设备供应商的分布看，韩国和日本企业占据了 70% 的市场份额。按 17 大类 OLED 设备的营收来分，国内设备商覆盖的区域大概只有 39%。这意味着投资 400 亿元建一座 6 代 OLED 工厂，有 60% 左右、约 240 亿元的市场与国内设备厂无关，成为国外设备厂的生意。

国内6代及以上OLED产线,2016年开始建设的项目国产化设备渗透率只有2.5%,发展到目前达到18%的国产化设备渗透率。周华说,在OLED的国产化设备中,模组检测设备已占约50%份额,贴合等设备份额约20%,但是蒸镀设备、曝光设备的国产化基本还是零。

OLED面板生产材料有132种,关键材料包括光刻胶、用于柔性衬底的聚酰亚胺(PI)、蒸镀材料等,美国通用显示公司(Universal Display Corporation,简称UDC)、德国默克、韩国斗山、韩国德山等是主要供应商。默克集团中国区总裁安高博透露,默克高性能材料业务,中国地区在今年和过去几年都保持两位数的高速增长,主要由中国面板制造商推动。而国内的材料公司才刚刚进入这个市场。

目前,国内OLED设备、材料相关上市公司的营收规模仍然较小。做柔性衬底PI的新纶科技其常州三期项目2018年四季度投产。做发光材料的万润股份在不断扩大液晶材料市场占有率,同时其OLED成品材料已在下游厂商进行放量验证。做激光设备的大族激光在显示面板行业的收入也在增长。精测电子的产品包括信号检测系统、OLED调测系统、自动光学检测(Automated Optical Inspection,简称AOI)光学检测系统和平板显示自动化设备。做模组设备的劲拓股份OLED柔性屏幕3D(一种手机玻璃加工的贴合技术)贴合设备取得突破,打破国外技术垄断,实现进口替代。联得装备主要产品包括绑定设备、贴合设备、偏贴设备、检测设备、大尺寸电视(Television,简称TV)整线设备等。正业科技发力液晶模组智能检测及自动化业务,并加大力度开发OLED后端生产线。华兴源创自动化的整体检测设备取得较大突破。

周华说,国内平板显示设备上市企业,精测电子、劲拓股份、联得装备、正业科技、华兴源创等主要做检测设备,大族激光做激光设备。它们从2016年到2018年,年营收普遍从3亿~5亿元,成长到10亿元规模,有两家同类的韩国企业的年收入在40亿元左右。相比之下,国内上市公司差距较大。而该领域全球领先企业的年产值在百亿左右。国内设备供应商相对于全球大的先进设备商规模都太小。规模小带来很多问题,包括研发和市场能力,但规模小也意味着想象空间比较大。

三、设备厂商协同发展动态分析

相比而言,京东方科技集团股份有限公司(以下简称“京东方”)TCL科技集团股份有限公司(以下简称“TCL”)华星光电的年营收规模已经在朝千亿迈进。未来在与韩国、日本企业的较量中,中国平板显示产业要打造差异化的竞争力,必须加快完善上游配套环节,因此中国的面板龙头正从下游“反哺”,扶植上游材料和设备厂商,构建自己的生态体系。京东方董事长陈炎顺在2019年的京东方全球创新伙伴大会上演讲时透露,为了迎接物联网时代,BOE智慧系统创新中心搭建了五个平台,其中之一便是新型材料与装备产业转化平台。

TCL集团CTO、华星光电首席科学家闫晓林认为,印刷、柔性、可卷绕等技术的发展,将成为推动未来显示产业、产品、应用、生态发展的重要驱动力,而材料技术是印刷显示的核心竞争力。因此,TCL华星光电已在广州设立了聚华公司,打造印刷显示从材料、设备到产品的产业合作研发平台,包括研发OLED和量子点材料。

中国电子视像行业协会产业发展与研究中心主任董敏认为,当前和未来两三年,我国高世代液晶面板和下一代柔性AMOLED面板生产线正处于密集的产能释放期。近年来,京东方和华星光电开始在产业链上端链路进行延伸。工信部新政将引导面板企业从自发的关注,到集体侧重上游材料和设备突破,改善利润分配曲线,这对于显示产业也将有提振信心的作用。

而由于显示面板制造业属于精密的工业,对材料的配方和设备的精度有极高的要求,稍有毫厘之差,将造成巨额的经济损失。而国内显示产业的材料和装备发展成绩虽然令人瞩目,但在大尺寸和高精尖相关产品上,目前仍然无法匹配当前的面板生产线。所以,预期政策效应还要从长期看。

面对全球液晶面板产能过剩,韩系面板厂将关闭部分生产线,并聚焦更高附加值的产品。到 2021 年,韩系面板厂在全球 LCD 产业的份额将萎缩到 20% 以内,中国面板厂的份额从 2020 年开始将达到 50% 以上。国内面板厂把握 8K、柔性 OLED、高刷新率电竞屏、车载大屏四个机会,同时推动上游设备和材料的自主化,提升产业链的整体价值。

第三节　面板生产企业布局动态

回顾 LCD 行业的发展历史,从 20 世纪 70 年代美国企业发明了液晶显示技术但最终“半途而废”,到 20 世纪 90 年代初日本企业率先实现 TFT-LCD 的产业化,到 20 世纪 90 年代末以三星、LG 为代表的韩国企业进行大规模的逆周期投资,再到 2000 年年初中国台湾企业借助日本企业的技术转让大规模投资 LCD 行业,最后到 2008 年金融危机后中国大陆企业为解决“缺芯少屏”局面对 LCD 产业进行大规模的逆周期投资,我国实现了追赶并全面反超。

一、面板主要生产企业介绍

全球液晶面板生产制造商分布在中国、韩国和日本,主要有中国京东方(BOE)、华星光电,中国台湾友达光电(AUO)、群创光电(Innolux),韩国三星(SAMSUNG)、LG(LGDisplay),日本夏普(SHARP)等企业。

京东方创立于 1993 年 4 月,为一家为信息交互和人类健康提供智慧端口产品和专业服务的物联网公司,主要业务包括显示与传感器件、物联网智慧系统和智慧健康服务,显示面板制造业务是公司最主要的业务。京东方是全球液晶面板行业龙头,公司的规模、营收、技术和产能等方面均在行业内遥遥领先。

深圳市华星光电技术有限公司成立于 2009 年 11 月 6 日,是由深圳市政府和 TCL 集团合资成立的生产液晶面板的国家高新技术企业,是首批国家智能制造试点示范单位。产品全线覆盖大尺寸电视面板和中小尺寸移动终端面板。

群创光电股份有限公司是由 2003 年 1 月 4 日中国创汇排名第一的“富士康科技集团”所创立的 TFT-LCD 面板专业制造公司。

友达光电股份有限公司(AUO)成立于 1996 年 8 月,拥有制造完备大中小尺寸面板的各世代生产线。

LGDisplay(乐金显示),隶属于 LG 集团,总部位于韩国首尔。客户包括苹果(Apple),惠普(HP),戴尔(DELL),索尼(SONY),东芝(Toshiba),飞利浦(PHILIPS),联想(Lenovo),宏碁(Acer)等世界一流消费电子制造商。

三星(SAMSUNG)电子是韩国最大的电子工业企业,同时也是三星集团旗下最大的子公司,于 1938 年 3 月在韩国大邱成立。

夏普(SHARP)自 1912 年创业以来,开发出日本国内第一台收音机、电视机、世界第一台计算器和液晶显示器等产品。

二、面板产业现状和发展分析

智研咨询发布的《2020—2026 年中国显示面板产业运营现状及发展前景分析报告》数据显示:整体来看,全球面板厂主要集中于中国、韩国、日本三国。

主要面板厂中中国大陆掌握 LCD 主导权,韩国阶段性垄断 OLED 市场。技术角度来看,短期大尺寸领域仍以 LCD 技术为主,中小尺寸领域看好 OLED 渗透加速。

(1)LCD 产线来看,目前高世代 LCD 产线均集中在大陆,中国大陆的 LCD 产能占比已高达 53%,且仍在持续提升。随着中国大陆企业积极建设,全球 LCD 产能加速向中国大陆转移,2018 年已达全球总产能的 53%。

(2)OLED 产线而言,韩国目前阶段性垄断市场,国内厂商正加速追赶,2022 年中国大陆占比有望超 40%。OLED 面板目前以手机等小尺寸

应用为主,全球已规划的小尺寸 OLED 产线共计 37 条,其中 23 条已点亮,韩国占据 9 条,韩国(三星 + LG)产能占比为 78%。中国大陆积极跟进,已建成和规划了共计 20 条 OLED 生产线,扩产速度远快于其他地区。经测算到 2022 年,中国大陆小尺寸 OLED 总产能有望占全球 40% 以上。2018 ~ 2022 年全球 OLED 产能分布如图 2-4 所示。

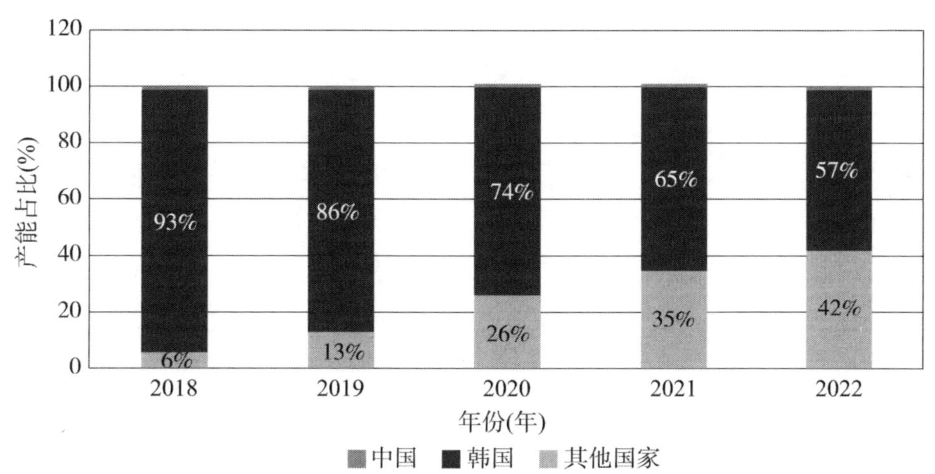

图 2-4　2018 ~ 2022 年全球 OLED 产能分布

1. 中国

(1) 中国大陆:共 57 条产线,5 条位于 2020 年上半年疫情严重的武汉地区。

中国大陆拥有 57 条产线,集中分布在沿海及中西部地区,京东方产能位居第一位。目前,中国大陆已规划产线主要分布在广东省(14 条)、四川省(7 条)、上海市(6 条)、湖北省(5 条)和安徽省(5 条)等地。广东省 14 条产线中有信利 5 条,TCL 华星 4 条,LGD2 条,夏普、深超光电、柔宇各 1 条;四川省 7 条产线中有京东方 3 条,信利 2 条,惠科、中电熊猫各 1 条;上海市 6 条产线中有深天马 3 条,和辉光电 2 条,中航光电子 1 条;湖北省的 5 条产线有 TCL 华星 2 条,深天马 2 条,京东方 1 条;安徽省 5 条产线中有京东方 3 条,惠科、维信诺各 1 条。面板厂商以京东方、TCL 华星及深天马为主,其中京东方以 14 条产线居首。截至目前,大陆主流面板厂商均无扩产 LCD 产线计划,LCD 供给周期接近尾声,未来新增产能预计主要为 2020 年的京东方武汉 10.5 代线及 2021 年的 TCL 华星 11 代线。

模组线大多分布在面板产线周边,TCL 华星模组厂集中在广东惠州和印度。京东方模组线采取自建和外厂协作的方式,自建的模组线一般配套在面板线附近,此外还在河北固安以及江苏苏州等地工业园区设有模组线。TCL 华星除面板产线配备的模组线外,在广东惠州拥有一个高世代模组厂,位于印度的模组项目也已于 2019 年底实现主厂房封顶。深天马在深圳、上海、武汉、厦门、日本等地均设有配套模组线。

因 5 条产线位于武汉地区,涉及京东方、TCL 华星及深天马三家头部面板厂商。受 2020 年上半年武汉疫情影响,京东方 a-Si LCD10.5 代线因设备无法进场调试产能爬坡放缓;TCL 华星 LTPS LCD6 代线因复工延迟模组端稼动率略降低,后续可能转向华南代工厂做模组,整体影响可控;TCL 华星柔性 OLED 产线刚刚量产第一期 15K/M,目前产能有限;深天马的 a-Si LCD4.5 代线和 AMOLED6 代线目前均保持连续生产,AMOELD 产线尚在建设中,短期内面临一定物流、员工返岗、部分原材料供应的压力。除武汉外,中国大陆其他地区的面板产线正常运转,受疫情直接影响较小。

(2)中国台湾:共 29 条产线,分布在西部沿海地区。

中国台湾地区产线主要分布在西部沿海的台南市、桃园市、台中市、苗栗县、高雄市和新竹市。台南市有群创产线 8 条和瀚宇彩晶产线 1 条;桃园市有友达产线 7 条;台中市有友达产线 6 条;苗栗县有群创产线 3 条;高雄市有群创产线 2 条;新竹市有友达、群创产线各 1 条。目前,友达、群创在台湾各占据 14 条产线,除 1 条友达刚性 OLED4.5 代线外,其余 28 条产线均为 LCD 产线。友达、群创在台湾及大陆均建设了模组厂,其中友达在台湾桃园、四川绵阳、广东惠州、江苏苏州、福建厦门等地设有模组厂;群创在台湾台南、台湾竹南、浙江宁波、江苏南京、广东佛山、上海等地设有模组厂。

2. 韩国

韩国拥有20条产线，产线分布集中，三星、LGD（LG显示）平分秋色。韩国产线集中分布在坡州、牙山、天安、龟尾四座城市，其中三星产线位于牙山和天安，LGD产线位于坡州和龟尾。坡州有7条LGD产线，其中4条大尺寸LCD产线原本预计于2020年底前关闭，1条大尺寸OLED产线尚在建设中；牙山有6条三星产线，其中3条大尺寸LCD产线计划转产OLED；天安有3条三星产线；龟尾有3条LGD产线和1条夏普产线。目前，韩国20条产线中LCD产线仍存9条，考虑到三星、LGD相继宣布将LCD产线关闭或转产，未来韩国有望只留下OLED产线。而三星、LGD在OLED领域各有侧重，三星主攻小尺寸OLED，LGD主攻大尺寸OLED。

三星、LGD在韩国境内外设有多个模组线。LGD在韩国坡州、龟尾，中国南京、广州，越南海防，波兰弗罗茨瓦夫等6个地区设有模组线。三星手机在韩国龟尾、越南、印度设有工厂，大部分投产已转至越南和印度工厂，韩国龟尾手机工厂主要负责高端手机的生产。在中国地区，三星曾与TCL华星合作共建广东惠州模组厂，并在江苏苏州投建了一座液晶模组厂。此外，三星还在俄罗斯设有TV工厂。

3. 日本

日本拥有12条产线，日本境内的面板厂商主要是JDI（日本显示公司）、夏普和深天马。JDI的8条产线全部为中小尺寸产线（OLED产线3条+LCD产线5条），分布在石川县、千叶县、爱知县、鸟取县等四个地区，其中位于石川县的2条柔性OLED产线尚未量产。夏普的1条高世代a-SiLCD产线和1条低世代LTPSLCD产线分别位于大阪府和三重县。深天马在秋田县的面板工厂有两条低世代a-SiLCD产线，产品主要应用于车载、医疗、工控类显示屏以及模块。

4. 疫情对日本、韩国产能的影响

供给大收缩，加速订单向国内转移。

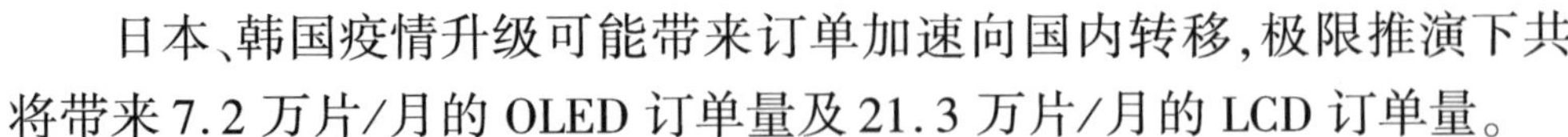
日本、韩国疫情升级可能带来订单加速向国内转移，极限推演下共将带来7.2万片/月的OLED订单量及21.3万片/月的LCD订单量。

目前来看，国内疫情基本处于稳定可控状态，各面板商生产计划有序推进，对面板厂影响有限；国外则日韩疫情不断升级，若疫情持续扩散，日韩或将复演国内停工停产及交通管制等防控措施，日韩面板厂产能则可能受物流、人力、材料供应及稼动率的影响而降低，加速订单向国内转移。极端假设，若韩国位于龟尾的产线全部停产，将带来4.2万片/月的OLED订单量及14万片/月的LCD订单量；若日本位于爱知县和千叶县的产线全部停产，将带来3万片/月的OLED订单量及7.3万片/月的LCD订单量。更极限推演下，若日韩工厂悉数受影响，则25%的LCD产能和75%+的OLED产能将可能受影响。

韩国位于龟尾产线全部停产时的情况：目前韩国全境17个行政区均出现感染病例，感染最多的是大邱市和庆尚北道，龟尾隶属庆尚北道，是韩国面板的生产重地，若韩国疫情进一步加重，则位于龟尾的产线可能停产。智研咨询极限推演了龟尾产线停产后韩国产能的变化，若位于龟尾的产线停产，则韩国OLED面板产能将减少4.2万片/月，占韩国OLED面板总产能的5%；韩国LCD面板产能将减少14万片/月，占韩国LCD面板总产能近20%。

三、面板产业市场主要情况分析

电视液晶面板占据大尺寸面板主要市场。2019年，全球面板厂商大尺寸面板出货量为7.62亿片，较2018年有所下降。其中，液晶电视面板出货量为2.87亿片。笔记本电脑面板由于2018年价格大幅下降，面板生产生调成产能结构。导致出货量下降到1.90亿片。出货面积方面，2019年全球面板厂商完成面板出货面积2.07亿m^2，较2018年增长4.3%。其中，液晶电视面板出货表面积占据最大比重，出货面积达到1.63亿m^2，较2018年增长5.3%。液晶显示器面板出货量为2230百万m^2，同比下降1%。

随着近年来中国大陆地区的大尺寸液晶面板产能的迅速增长,京东方、华星光电等厂商也快速占据大量市场份额。从液晶电视面板的出货面积来看,包括华星光电、重点熊猫、惠科、彩虹光电等在内的中国大陆面板厂商的出货面积大幅度增长。京东方 2019 年大尺寸液晶电视出货面积为 3010 万 m^2,同比增长 23.8%,出货量排名第一。

在 4K 电视面板市场,中国大陆厂商中,京东方占据全球 16% 的市场份额,排名第二;华星光电从 2018 年第六大厂商成长为 2019 年的第四位,市场份额达到 11%。

受全球卫生事件的影响,2020 年上半年全球显示面板行业发展缓慢,但在第三季度,整个显示面板行业迎来了好转。近日,全球显示领域权威咨询机构(Display Supply Chain Consultants,简称 DSCC)发布了 2020 年第三季度显示面板行业市场报告。数据显示,该季度全球显示面板市场的销售额达到了 305 亿美元,创下自 2017 年第四季度以来的最高水平,较上季度增长了 21%,同比增长了 11%。

DSCC 数据显示,在销售额方面,三星显示当季仍位居榜首,该公司 2020 年第 3 季度的显示面板总销售额为 7.32 万亿韩元,虽然同比下降了 21%,但比上一季度增长了 9%。其次是京东方和 LGD,这也是仅有的其他两位数份额的公司。值得一提的是,第三季度整个显示面板行业的毛利润增长了 106%,达到 27 亿美元,同比增长了 182%。并且,有 13 家显示面板制造商在第三季度恢复盈利共计 13.3 亿美元,其中,三星显示的营业利润最高,为 0.47 万亿韩元。而出货量方面,LGD 以 830 万 m^2 的显示面积出货量重登榜首,其次是京东方,显示面积出货量为 810 万 m^2,再次则是群创光电和华星光电。

第四节　手机面板厂商布局动态

一、手机屏幕基本认知

目前的手机屏幕多种多样,显示效果虽各不相同,但归根结底其材质只有 LCD 和 OLED 两种。

LCD 是 Liquid Crystal Display 的简称，它包括了薄膜晶体管（Thin Film Transistor，简称 TFT），三星手机的专用彩色显示屏技术（Ultra Fine Bright，简称 UFB），薄膜二极管（Thin Film Diode，简称 TFD），超扭曲向列屏（Super Twisted Nematic，简称 STN）等类型的液晶显示屏。LCD 的显示原理决定了它的可视角度并不理想，从某一个较大的角度观看液晶显示器时，便不能看到原本的颜色，甚至只能看到全白或全黑。为了解决这个问题，制造厂商们开发了 IPS 技术。IPS 是 In-Plane Switching 的缩写，指平面转换。其实 IPS 屏幕就是基于 TFT 的一种技术，其本质还是 TFT 屏幕。

有机发光显示器即 Organic Light Emitting Display，简称 OLED。OLED 显示技术与传统的 LCD 显示方式不同，无须背光灯，采用非常薄的有机材料涂层和玻璃基板。当有电流通过时，这些有机材料就会发光。而且 OLED 显示屏幕可以做得更轻更薄，可视角度更大，并且能够显著节省电能。

三星公司研发的 AMOLED 系列面板则是采用了 OLED 材质屏。AMOLED 是 Active Matrix/Organic Light Emitting Diode 的简称，是指有源矩阵有机发光二极体面板。相比传统的液晶面板，AMOLED 具有反应速度较快、对比度更高、视角较广等特点。

实际上 LCD 和 OLED 最根本的区别是：OLED 是自发光，而 LCD 需要通过背光板照射才能显示。但无论是基于 OLED 材质的 AMOLED 屏还是 LCD 的改进版 IPS 屏，由于工作原理的不同，它们都有各自的优势。

二、我国智能手机面板市场分析

1. 智能手机面板市场主要厂商情况

2019 年全球智能手机面板市场呈现出强者愈强的格局，纵观 2019 年，显示行业可谓风雨飘动，全球经济增速放缓，智能手机面板市场起伏较大，整体仍处下行通道。群智咨询初步统计，2019 年全球智能手机面板出货量约 17.8 亿片（OpenCell 口径——Open Cell 主要指面板厂将面

板完成中段组装，但未完成 LCD 显示模组组装的成品)，同比下降约 4.9%。回顾 2019 年全年，二季度受到“贸易战”预期影响，出现了短暂供需偏紧的局面，全年呈现了“强者愈强”的马太效应，前 5 名智能手机面板供应商市场集中度提升到 68%，同比提升 3 个百分点。2019 年全球智能手机面板出货规模如图 2-5 所示。2019 年全球智能手机面板出货排名如图 2-6 所示。

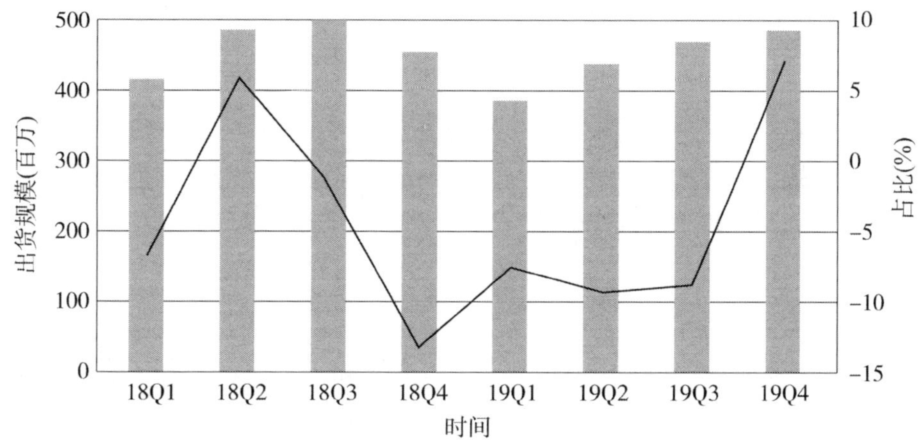

图 2-5　2019 年全球智能手机面板出货规模

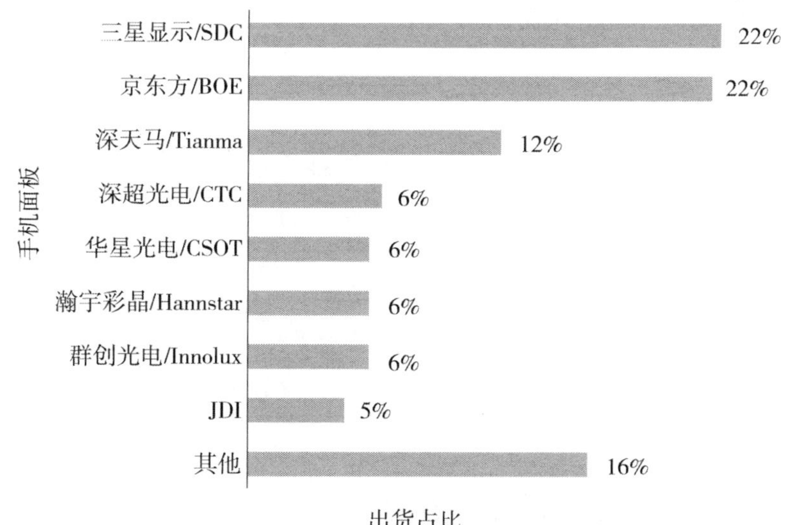

图 2-6　2019 年全球智能手机面板出货排名

1)三星显示(SDC)

三星显示(SDC)凭借OLED的技术优势,与品牌的合作更加深入,A2刚性产线全年基本处于满产状态。2019年其采取积极的刚性OLED产品策略,二季度后需求逐步转好。根据群智咨询数据,2019年三星显示(SDC)智能手机面板出货约4.0亿片,出货同比基本持平。

2)京东方(BOE)

2019年其整体运营良好,整体表现亮眼,综合排名第二,根据群智咨询统计,京东方(BOE)全年出货约3.9亿片,同比增长约18%,依然引领全球LCD面板出货。从技术产品来看,作为LCD液晶面板的引领者,不断创新,搭载Dual-Gate技术产品处于验证进展阶段。OLED面板方面也在积极地拓展客户资源,预计后期会有更好表现。

3)天马(Tianma)

根据群智咨询统计,2019年天马(Tianma)出货约2.1亿片,其中LTPS LCD出货约1.4亿片,位列全球LTPS LCD智能手机面板出货首位。受益于其LTPS技术的深厚积累以及终端客户对"打孔屏幕"的强势需求,2019年其"打孔屏"出货约0.5亿片,为公司盈利带来积极作用。

4)TCL华星(CSOT)

根据群智咨询统计,2019年TCL华星(CSOT)全年出货约1.0亿片,同比增长约89%,其LTPS出货位列全球第二。得益于三星、小米、华为等品牌客户的积极拉动,2019年TCL华星(CSOT)稼动一直处于行业高水位运作。与此同时,其AMOLED产品也于年底宣布量产,势必会助力其2020年更好业绩。疫情暴发后,武汉华星针对物资运输、后端模组等问题采取了积极应对措施,通过多方法将预期影响降到最低,以确保按时交付。

2. 我国智能手机面板市场分析

我国智能手机市场持续增长,拥有较高市占率的手机厂商也快速发展,而面板作为手机的基础零部件,京东方和天马等面板厂商的出货量也出现增加。在OLED市场领域,三星手机面板占据了蒸镀机设备的优势,几乎控制了整个OLED市场,市场占有率达到了95%。主要的原因在于前几年Tokki(日本佳能公司Canon旗下一家公司)蒸镀机产量限制,订单几乎被三星锁死。这几年Tokki公司不断招兵买马,产量逐年上升。国产手机面板厂商在持续增加手机面板产线,产能逐渐满足了国产手机厂商的部分需求,OLED手机面板的本土化配套率正在不断提升。

2020年2月11日产业调研机构群辉华商咨询(CINNOResearch)发布的研究报告显示,中国大陆地区智能手机面板出货量2019年首次实现过半,市场份额占53.2%。受新型冠状病毒感染肺炎疫情影响,2020年智能手机面板出货量将下滑2.3%以上。但此次疫情很难改面板业的竞争格局。2019年,全球面板厂分区域出货中,仅中国大陆面板厂出货量实现同比增长16.0%,日本、韩国等出货均不同程度下滑。中国大陆智能机面板出货量首次实现全球过半,全球市场份额53.2%。

2020年2月,群智咨询发布报告称,在智能手机面板整体出货市场仍处于下行通道的情况下,AMOLED凭借其技术和形态优势,拥有强劲的市场需求和稳定的出货量增长。

初步统计显示,2019年全球有约4.7亿块AMOLED智能手机面板出货量,同比增长约8%,占智能手机面板出货量的近27%,预计2020年普及率将升至39%。2019年,约2.9亿块刚性AMOLED智能手机面板发货,同比增长9.0%。与此同时,2019年全球约1.8亿个柔性AMOLED智能手机面板上市,同比增长6.2%。2019年全球AMOLED智能手机面板出货量份额排名(%)如图2-7所示。

2019年有约5500万个AMOLED智能手机面板从中国大陆发货,同比增长约165%,市场份额增至12%。2019年中国大陆AMOLED智能手机面板出货量份额排名如图2-8所示。

三星显示(SDC)
85.4%
京东方(BOE)
3.6%
和辉光电(EDO)
3.4%
LG显示(LGD)
2.8%
维信诺(Visionox)
2.7%
深天马(Tianma)
2.1%
其他
0.0%
三星显示(SDC)
81.6%
京东方(BOE)
9.5%
LG显示(LGD)
7.4%
维信诺(Visionox)
1.3%
深天马(Tianma)
0.2%
其他
0.0%

a)全球整体OLED面板出货排名　　b)全球柔性OLED面板出货排名

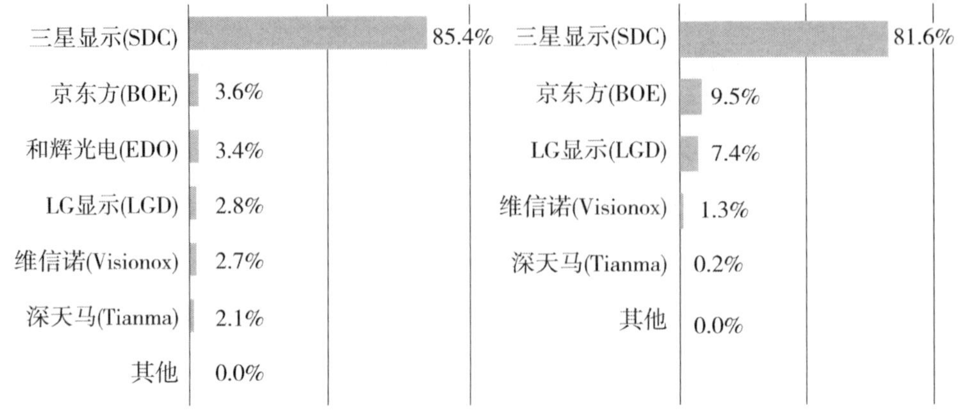

图 2-7　2019 年全球 AMOLED 智能手机面板出货量份额排名

京东方(BOE)
30.2%
和辉光电(EDO)
28.6%
维信诺(Visionox)
22.9%
深天马(Tianma)
18.3%
其他
0.0%
京东方(BOE)
86.7%
维信诺(Visionox)
11.8%
深天马(Tianma)
1.5%
其他
0.0%

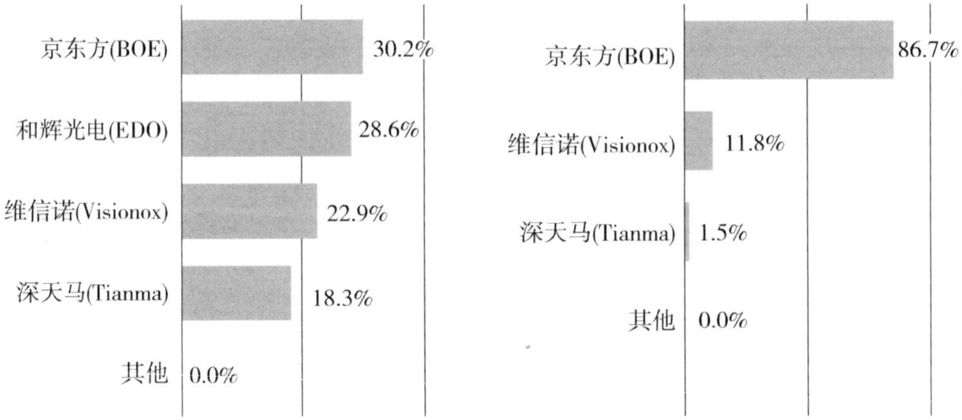

a)中国大陆整体OLED面板出货排名　　b)中国大陆柔性OLED面板出货排名

图 2-8　2019 年中国大陆 AMOLED 智能手机面板出货量份额排名

群智咨询认为,在 5G 和屏下指纹(Fingerprint On Display,简称 FOD)的技术优势驱动下,面板技术的迭代已经成为必然趋势。其中,刚性 AMOLED 凭借其 FOD 技术优势,市场需求强劲,面板制造商与终端品牌之间的合作越来越密切,市场空间逐渐扩大。随着终端品牌对柔性有机发光二极管模型需求的不断增加,柔性有机发光二极管的供需比例将继续缩小,供需形势将开始好转。国内制造商的生产能力将在 2020 年逐步放开,柔性有机发光二极管面板的供应模式也将发生变化。

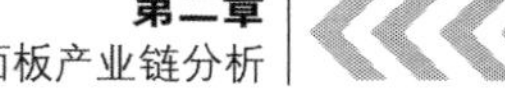

群智咨询分析,中国大陆面板厂快速发展的主要原因有以下三个。

首先,由于有利的国内政策和资本环境,国家和地方政府优先支持新显示器的发展,特别是有机发光二极管产业。

其次,品牌制造商意识到战略性地培育独立健全的供应链的重要性。作为手机产业链的核心组成部分,华为、小米、OPPO(OPPO广东移动通信有限公司)、中兴等品牌已经开始与国内有机发光二极管面板制造商在高端机型的新技术合作研发和战略供应方面展开合作,逐步形成以企业为核心的协同创新体系。

再次,得益于主流面板工厂的战略发展愿景,新技术研发布局、人才培养意识、创新意识和服务意识的不断加强。未来,内地板厂的竞争力必然会继续提高。内地 AMOLED 面板厂仍需提升或优化其显示性能、产品可靠性、产量、成本等方面,提前部署战略关键技术,推进产业链自主化,深化人才梯队建设。

三、智能手机面板技术发展趋势

1. 智能手机面板技术发展趋势

1)功能集成方向

(1)90Hz/120Hz/144Hz(高刷新率)。

5G 时代的来临,90Hz/120Hz/144Hz 高刷新频率的产品需求将会进一步增加,现阶段游戏玩家认为高刷新频率可能有较强需求,但同时带来的挑战为高功耗,整机厂商如何去平衡成为一个关键点。

(2)大面积/超薄/LCD 屏下指纹。

根据群智咨询数据显示,2019 年全球屏下指纹模组的出货规模在约 3.0 亿部,其中光学屏下方案出货约 2.4 亿部,超声波方案出货约 0.6 亿部。同时,预计 2020 年全球智能手机屏下指纹识别模组出货量预计达到 4.5 亿颗,疫情的程度仍需观察。与此同时,超薄屏下指纹的开发演进是 5G 智能手机轻薄化的必然趋势。群智咨询初步测算,2020 年全球超薄屏下指纹识别模组的需求规模约 0.7 亿片。LCD 屏下指纹识别受制于透红外材料的唯一性,同时模组亮度提升也是关键难点。目前来看,阜时科技和汇顶的 LCD 屏下指纹识别方案的进展较为领先,但其都受制于膜材需要改版的进度影响,预计最快在 2020 年第二季度有机会量产。

(3)UDC(屏下摄像头)。

屏下摄像头可以实现真正意义全面屏,面板厂均在加快研发进度。目前大部分面板厂屏幕技术的透明度不高,成像质量还达不到要求,仍然处于创新者不断尝试的阶段。随着新技术的不断尝试及升级,预计最早 2020 年第三季度将有机会量产。

2)形态创新方向

(1)下边框收窄。

根据群智咨询调查,a-Si 面板由星门集成电路(Sing Gate IC)往双栅集成电路(Dual Gate IC)转变,下边框非显示区域的宽度从 4.0mm 收窄到 3.2mm 左右,目前功耗问题已解决,正在配合终端验证。预计 2020 年上半年应用在量产项目上,LTPS 面板和 OLED 面板的下边框也将会进一步缩小。2020 年面板下边框发展趋势见表 2-3。

2020 年面板下边框发展趋势 表 2-3

面板形式	下边框技术路线	非显示区域宽度(mm)
a-Si 面板	Sing Gate IC	4.0
	Dual Gate IC	3.2
	Sing Gate + 90Hz	3.2
LTPS 面板	HD + COG	<3.0
	FHD + COG + 120 Hz	2.5
	FHD + COF + 120 Hz	1.4 ~ 1.6
ROLED 面板	FHD + COF	1.7 ~ 1.8
	FHD + COF + 120/144 Hz	2.8 ~ 3.0
FOLED 面板	FHD + COP	1.6 ~ 1.8
	FHD + COP + 120 Hz	1.8 ~ 1.9

表 2-3 中的 Sing Gate IC 即星门集成电路;Dual Gate IC 即双栅集成

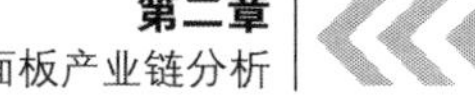

电路;HD 即高清,英文 High Definition 的缩写;FHD 即全高清,Full High Definition 的缩写;COG 即芯片被直接绑定在玻璃上,英文 Chip On Glass 的缩写;COF 即覆晶薄膜,英文 Chip On Film 的缩写,是一种将驱动 IC 固定于柔性线路板上晶粒软膜构装技术;COP 即环烯烃聚合物薄膜,英文 Cyclo Olefin Polymer 的缩写。

(2)长宽比拉长、主流规格集中。

自从进入全面屏时代,智能手机显示面板比例从 16:9 升级到18:9 后,市场上涌现大量差异化规格,客制化非常明显。根据最新调查,2020 年智能手机显示面板的长宽比将继续拉长,平均尺寸依然会有所提升,主流规格有望集中化。

(3)瀑布屏/环绕屏。

2019 年整机厂采取更极致的贴合方案,包括“瀑布屏”和“环绕屏”。该设计的主要优势在于用户界面(User Interface,简称 UI)视觉方面实现左右无边框效果,并减少实体按键。根据目前了解,2020 年各品牌终端有在评估 120°/160°的盖板贴合方案,产品追求更加极致。

(4)折叠产品。

2019 年作为折叠手机发展元年,包括三星、华为、联想均发布及量产了自身的折叠屏手机及笔记本电脑。2020 年,折叠智能终端产品将进一步延续,预计将会有更多的品牌发布折叠终端。根据群智咨询保守预测,预计 2020 年全球可折叠智能终端的销售量约 400 万部。折叠产品的起量时间决定于整个供应链的完善程度,包含上游原材料的提供,中游面板厂的产能、良率、性能,下游终端企业的机构设计、整体厚度的解决方案、硬件实现后 UI 的改变。

2. 智能手机面板行业变化趋势

目前,面板行业有两个非常明显的变化趋势。首先,各厂商均在逐步提升大尺寸 TFT-LCD 的产能,其中京东方、华星光电、深天马、维信诺等中国大陆厂商扩产尤为显著。根据埃信华迈(IHSMarkit)的估计,到 2022 年的时候,韩国面板制造商在全球 AMOLED 产能中所占的比重将从2017年的93%下降至71%,而中国制造商的市场份额则将从2017年的5%增至2022年的26%。

随着智能手机的不断普及发展,OLED的市场红利明显,OLED在智能手机触控面板上市占率预计在2020年达到37.7%。作为第三代显示技术,OLED正处于快速成长期,其应用市场主要是替代LCD。OLED的渗透率与其成本直接相关,而其成本又直接与生产良率相关。如果组件和材料价格合理,生产良率超过80%时,OLED成本将低于LCD。如果这种情况变成现实,那么OLED将凭借其性能优势大规模替代LCD。除此之外,在电视面板方面,OLED已俨然成为高端电视产品的代名词。根据统计,OLED在日本的渗透率高达59%,北美及欧洲国家约45%。

目前55寸超高清OLED的制造成本是LCD面板的2.5倍,如果能够控制不良率在10%以下,那么价差可以进一步缩小至1.8倍。也就是说,当下LCD面板在大尺寸TV应用中仍具更高的成本竞争优势。

四、OLED面板市场和产业布局情况

1.OLED面板市场情况

据群智咨询副总经理、首席分析师陈军分析,中国大陆OLED面板供应链逐步成熟,2020年第三季国内OLED手机面板出货量2600万片,同比增长86%。国内OLED面板厂的全球市场占有率已经突破20%,并取得了苹果、三星、华为、小米、OPPO、VIVO(维沃移动通信有限公司)、中兴等客户的订单。从全球智能手机面板市场看,柔性OLED面板的占比持续提升,预计2020年占比将达到20%,将超过刚性OLED面板16%的占比,并在2021年提升至22%。到2025年占比更将进一步扩大到34%。而柔性OLED屏的应用也趋向多元化,从手机、电视、笔记本电脑、车载显示到可穿戴产品。受成本等因素影响,OLED电视整体成长缓慢,笔记本电脑、显示器将成为OLED面板产能释放新的突破口。群智咨询预计,OLED面板在笔记本电脑中的渗透率,2020年预计为

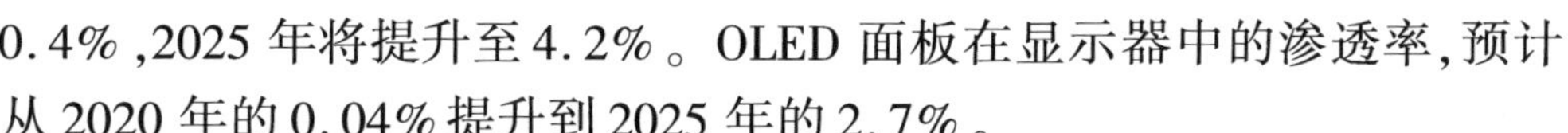

0.4%,2025 年将提升至 4.2%。OLED 面板在显示器中的渗透率,预计从 2020 年的 0.04%提升到 2025 年的 2.7%。

从供应侧看,韩国面板厂退出 LCD 领域后聚焦 OLED 领域,中国大陆面板厂持续跟进 OLED 面板投资。关于国内 6 代柔性 OLED 面板项目,京东方在成都、重庆、绵阳、福州布局了 4 个;维信诺在河北固安、合肥布局了 2 个;深天马在武汉、厦门布局了 2 个;TCL 华星光电在武汉布局了 1 个。国外面板厂商 OLED 产业布局及产线见表 2-4。

国外面板厂商 OLED 产业布局及产线 表 2-4

国家	企业	产线
韩国	三星显示[①]	天安:OLED 试验线
		汤井:2 条 5.5 代平面、柔性 OLED 产线
		牙山:6 代柔性 OLED 产线
		汤井:原为 LCD 产线,计划出售设备后改成 OLED 产线
		汤井:8.5 代 OLED 试验线
	LG 显示[②]	龟伟:4.5 代 OLED 量产线(14K/M)
		龟伟:6 代柔性 OLED 产线
		坡州:8.5 代 OLED 生产线(8.3K/M)
		坡州:8.5 代 OLED 试验线
		坡州:2 条 8.5 代 OLED 试验线(均为 26.4K/M)
日本	JDI(由索尼、东芝和日立合资)	石川:4.5 代 OLED 试验线
		白山:6 代 OLED 生产线(4Q18 量产)
		茂源:6 代 OLED 生产线(4Q17 量产)
	JOLED(由日本显示、索尼和松下合资)	6 代 OLED 生产线

注:①三星主推中小尺寸 OLED 面板,应用于智能手机等移动终端。

②LG 显示主推大尺寸 OLED 面板,主要应用在智能 TV 上。

2. OLED 面板产业投资布局情况

中国柔性 OLED 面板产业仍然面临着多重挑战,相比于三星,国内

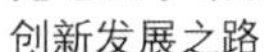

柔性 OLED 面板生产厂的良率需要继续提升。上游 OLED 材料的国产化配套还需要加强，下游应用市场的需求需要进一步打开。未来两三年，可折叠手机将是柔性 OLED 面板应用的重点发展方向，并扩展到可折叠电脑。

2019 年 8 月，天马总投资 480 亿人民币的第 6 代柔性 AMOLED 生产线项目落脚在厦门火炬高新区，预计于 2021 年上半年封顶，下半年开始进行设备搬入，并于 2022 年春节后投产。天马第 6 代柔性 AMOLED 生产线是目前国内体量最大、全球最先进的柔性 AMOLED 单一工厂。产品定位于柔性 AMOLED 技术的中小尺寸产品屏幕，主要应用在智能手机、智慧穿戴、车载显示等柔性应用面板领域。

2020 年 7 月 7 日，京东方重庆第 6 代 AMOLED（柔性）生产线项目主体厂房封顶仪式举行。该项目总投资 465 亿元，采用全球领先的主动有机电致发光 AMOLED 技术生产柔性显示屏。设计总产能为每月 4.8 万片玻璃基板，尺寸为 1500mm × 1850mm。产品主要应用于智能手机、车载显示屏及可折叠笔记本等柔性显示产品，预计于 2021 年投产。

中国面板厂商 OLED 产业布局及产线见表 2-5。

中国面板厂商 OLED 产业布局及产线 表 2-5

企 业	产 线
鸿海/夏普（中国台湾）	高雄：4.5 代 OLED 中试线（3Q17 量产）
	高雄：6 代 OLED 中试线（2Q18 量产）
	高雄：6 代 OLED 生产线（2Q19 量产，50K/M）
群创（中国台湾）	6 代 LTPS 生产线，部分用于 OLED
友达（中国台湾）	桃园：3.5 代 AMOLED 生产线
	新加坡：4.5 代 AMOLED 生产线
	6 代 AMOLED 生产线
京东方	成都：第 6 代 LTPS/AMOLED 可折叠的柔性面板生产线
	鄂尔多斯：1 条 AMOLED5.5 代线
	绵阳：第 6 代 AMOLED（柔性）生产线

续上表

企　业	产　线
天马	上海:4.5 代中试线
	上海:5.5 代刚性 OLED 生产线
	武汉:6 代柔性 OLED 生产线(2017 年下半年投产)
	厦门:6 代 LTPS AMOLED 生产线
国显/维信诺	昆山:OLED 中试线
	昆山:PMOLED 量产线
	昆山:AMOLED 中试生产线
	昆山:1 条 5.5 代 AMOLED 生产线
国显/维信诺	固安:6 代 AMOLED 生产线(国显运营,建成后 30K/M)
华星光电	武汉:LTPS 产线部分用于生产 OLED
	深圳:11 代 TFT-LCD 及 AMOLED 新型显示器件生产线
信利	惠州:一期 4.5 代 AMOLED 生产线
	惠州:二期 4.5 代 AMOLED 生产线(已量产)
	眉山:6 代 AMOLED 生产线
和辉光电	上海:1 条 4.5 代 AMOLED 生产线(2014 年量产)
	上海:4.5 代升级为 6 代 AMOLED 生产线(2016 年 12 月已投产)
柔宇	深圳:第 6 代柔性生产线(包含 AMOLED 显示)

第五节　笔记本电脑面板和其他面板厂商布局动态

由于历史原因,我国的半导体产业发展一度落后于国外。面板作为显示器重要组成部分,20 世纪国内尚未有企业打破海外公司垄断局面,所以“缺芯少屏”一直是国人内心的痛。

在此背景下京东方应运而生。1993 年,京东方在北京成立,从此开启了我国的面板国产化征途。1995 年 9 月,京东方成立 TFT-LCD 项目预研小组,跟踪研究 TFT、PDP、FED(Field Emission Display,场致发射显示)等显示技术,在科学论证及充分研究的基础上明确"进军液晶显示领域"的战略抉择,并开始战略布局。京东方成立10余年以来,成功解决了我国"缺芯少屏"的"少屏"问题,打破了国外企业对于显示面板的垄断地位。

一、笔记本电脑面板市场

1.笔记本电脑面板市场情况

根据Trend Force WitsView(集邦咨询光电研究中心)研究部门的最新调查以及市场预计,2020年上半年,中国大陆产笔记本面板已超35.4%,而台系面板生产商友达、群创以及夏普(夏普在2016年已被富士康收购)仍然占比47.5%,中国大陆产面板距此仍有较大差距。

群智咨询数据显示,2019年全球笔记本面板市场出货量比2018年出货量增加2.0%,达到1.88亿片。

京东方出货量全球第一,出货量5510万片,与去年持平,占29.3%的市场份额。2019年,友达(AUO)出货数量4270万片,同比下滑2%左右。群创(Innolux)出货数量4060万片,同比下滑1.5%。

LG显示(LGD)出货数量2900万片,同比下滑6%左右。夏普(Sharp)和中电熊猫(CEC Panda)出货量同比大幅度增加,其中中电熊猫出货量出货量490万片,同比增加约60%。其他笔记本电脑(以下简称"笔电")面板供应商等总体全球占比只有不到1%。2019年,笔记本面板企业全球出货量占比如图2-9所示。

2.2020年笔记本面板技术发展趋势

1)长宽比16:10兴起

一直以来,16:9因更经济的玻璃切割利用率,成为笔电显示长宽比的主流,16:10主要以苹果为主,其他品牌机型很少,产品定位以高端为主。随着笔电边框越来越窄,整机视觉效果越来越"扁平",因此2019年部分品牌开始试水长宽比16:10,向下延伸显示区域,提高显示面积,达到"全面屏"显示效果。

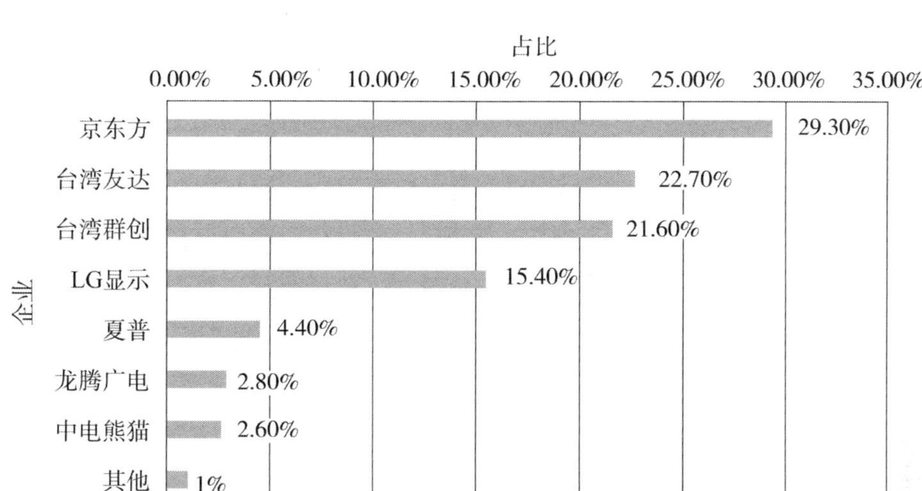

图 2-9　2019 年笔记本面板企业全球出货量占比

2）全面屏时代到来

跟随智能手机的发展步伐，笔记本整机产品形态也在往“高颜值”方向发展，面板也伴随着三边窄到四边窄的发展。面板的技术进步搭配整机端相关技术创新，未来全面屏将逐步成为笔记本产品的标配。

3）电竞面板供应稳定增加

目前，笔记本电脑电竞面板刷新率主流为 144Hz、高端为 240Hz，面板供应商以友达、LG 显示、京东方、中电熊猫为主。“轻薄化”将是电竞笔记本的一个重要发展方向。从面板来看，电竞面板除了对刷新率有要求外，对响应时间、功耗等也有较高要求，有一定技术门槛，因此电竞面板仍然是高附加价值产品。

4）Mini LED 背光崭露头角

群智咨询分析认为，Mini 或 Micro LED（基于氮化镓-GaN 的 Micro LED 可用于制造分辨率、能效、亮度、使用寿命和工作温度远超现有技术的显示屏）在中尺寸显示产品上，因尺寸、像素大小技术以及成本限制，以 TFT LCD + Mini LED 背光的架构发展的可能性较大，因此高端显示产品会优先使用在电竞以及专业显示领域。不过因 Mini LED 产业链仍不够成熟，背光价格仍较高，甚至高于 OLED 面板价格，因此短期内仍难以上量，后续要看 Mini LED 产业链成本趋势以及竞争对手 OLED 在笔记本电脑的产品策略影响。

5)柔性折叠屏陆续上市

折叠概念产品首先出现在智能手机上，随着手机市场规模的扩大，以及柔性 OLED 技术的成熟，在笔电上也陆续有新品推出。但群智咨询认为，柔性折叠笔电虽有其优势，如轻薄、便携、多模式使用等，但短期内还面临技术挑战，如折痕问题、Windows 系统调试问题、寿命问题及成本问题等，目前仍处于市场推广阶段。除了以上几个技术趋势外，低功耗、轻薄、内嵌式触控技术(In cell Touch)、防窥等技术，也是 2019 年笔记本面板产品发展的重点，预计 2020 年仍会持续升级。群智咨询调查数据显示，2020 年全球笔记本面板厂商规划出货量总计达到 1.98 亿片，其中氧化物、LTPS、OLED 规划数量均有大幅增加。

二、显示器面板市场

1.显示器面板市场情况

受市场需求下滑及国际贸易摩擦影响，2019 年全球显示器面板出货遭遇较大幅度下滑，显示器市场的竞争依旧激烈，国内厂商的相互竞争也将扩大国产面板的市场份额。

群智咨询数据显示，2019 年显示器面板出货量 1.4 亿片，同比下降 5.2%，出货面积同比基本持平。出货量方面，京东方(BOE)位列第一；出货面积方面，LGD 位居第一。2019 年全球液晶显示器面板企业出货数量如图 2-10 所示。

其中，京东方(BOE)出货数量 3450 万片，年度同比下滑 8.4%。

LG 显示(LGD)出货数量 3150 万片，同比下滑 8.7%。友达(AUO)出货数量 2560 万片，同比下滑 2.3%。群创(Innolux)出货数量 2360 万片，同比下滑 15.8%。三星显示(SDC)出货数量 1620 万片，同比下滑 2.3%。中电熊猫(CEC-Panda)出货数量 1020 万片，同比逆势增加 26.5%。2019 年全球液晶显示器面板企业出货面积如图 2-11 所示。

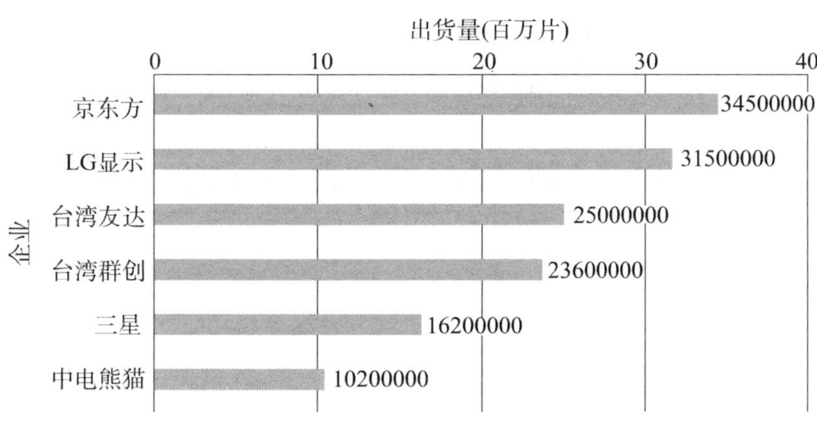

图 2-10　2019 年全球液晶显示器面板企业出货数量

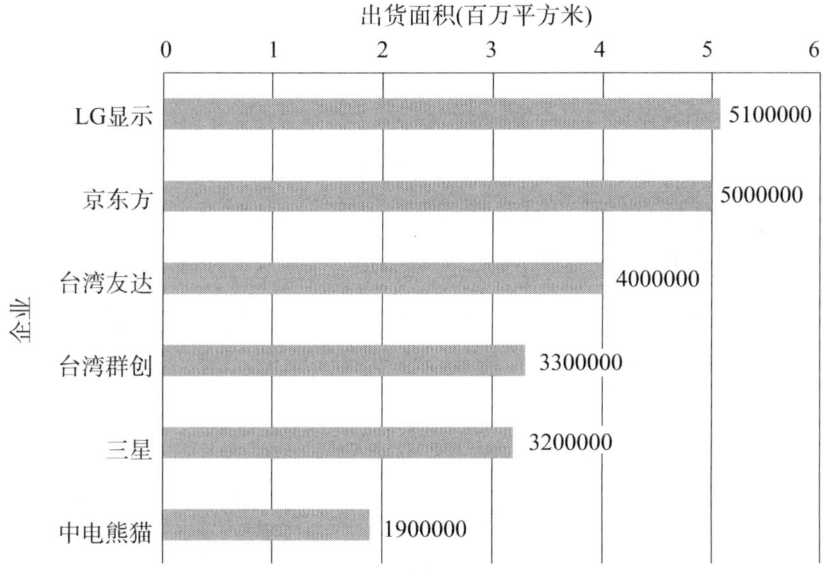

图 2-11　2019 年全球液晶显示器面板企业出货面积

显示器市场处于存量市场，结构升级成为 2019 年最大的市场亮点，主要表现在尺寸升级、尺寸集中化愈加明显。群智咨询数据显示，2019 年显示器面板平均尺寸为 23.7in，同比增加 0.5in。

尺寸结构有以下几大特点：

(1) 商用市场需求下滑带动 18.5in，19.5in 及 21.5in 市占率持续萎

缩,随着应用场景的多元化,商用市场尺寸也在持续升级;

(2)23.8in 首超 21.5in,市占率达到 25.5%,21.5in 市占率下滑到 21.5%;

(3)27in 为中高端产品青睐尺寸,市占率持续增加,2019 年市场占比达到 13.9%;

(4)中大尺寸段(23.8in 及以上)市占率达到 52.5%,主流尺寸集中度提升。

2020 年显示器尺寸仍持续升级,并且随着超宽屏市场的增长,尺寸升级将加速。2020 年平均尺寸达到 24.3in。

2. 电竞面板市场情况

2019 年,电竞面板继续保持高速增长。除了终端需求各种利好因素外,与面板端供应也有很大关系。从供应上来看,除了前两大面板供应商三星显示(SDC)和友达(AUO)以外,其他面板厂也均开始量产出货。

群智咨询数据显示,2019 年全球电竞显示器面板(100Hz 以上)出货规模超 1000 万片,并且从面板厂商规划来看,2020 年规划量达到 1900 万台,出货规模还将高速成长,2020 年全球电竞显示器面板出货规模将超过 1500 万片。

3. 显示器面板技术趋势

1)高分辨率显示器面板——市场渗透率超 10%

分辨率是面板显示的基础,在显示器上发展却是相对缓慢的,这与台式机一直的“低端”定位有关,但随着显示器应用场景的多元化需求,高端显示器需求增长明显。伴随着高端显示器定位的一系列规格都在升级,以分辨率为首。

此外,显示器应用从整机到面板都面临着激烈的价格竞争,2019 年价格遭遇大幅度下滑,产业链上下游亟须差异化、高附加价值产品强化竞争力。从面板端来看,高分辨率技术难度较低,设计方案上愈加优化,生产制程上愈加成熟,成本上有较大降低,可以让利给整机的空间变大。

因此,2019 年高分辨率迎来大幅度增长。根据群智咨询数据,2019 年全高清屏分辨率的 1/4,(Quarter High Definition,简称 QHD)及超高清(Ultra High Definition,简称 UHD)渗透率达到 10.4%,预计 2020 年将持续增长至 12.3%。

2)超宽屏显示器面板——爆发性增长

受商务及电竞游戏市场的双重影响,超宽屏显示是 2019 年显示器发展的一个热点,21∶9、32∶9 等众多新品的上市,市场热度大幅提升。供应端以三星等韩系面板厂为主,过高的价格限制了市场规模。此问题 2020 年将得到一定改善,京东方(BOE)、台系面板厂均有较积极规划。

4. 显示器面板产能规划和市场竞争

2019 年,TV 面板市场面临较大的产能去化压力,作为与 TV 共线产品,显示器面板厂商期待可以分担一定压力,从而制定较为激进的出货规划,除了现有供应商三星显示(SDC)、中电熊猫(CEC-Panda)、TCL 华星(CSOT)大幅度增加规划外,HKC 也计划加入 IT 面板供应。群智咨询数据显示,2020 年全球显示器面板规划量达到 1.67 亿片,同比增加 16.4%;从尺寸规划上来看,新明星尺寸 23.8in,27in 分别从 2019 年的 25.5%、13.9% 增加到 29.1%、18.3%,同比都有大幅度增加,2020 年面临供需风险仍然较大。

值得一提的是,TV 面板价格在 2020 年第一季度反弹,在一定程度上缓解了显示器面板供应压力,但厂商是否因此会切换显示器产能到 TV 应用,也是显示器面板供应的重要影响因素。

在贸易摩擦阶段性停止的前提下,全球显示器整机市场面对环境不确定性状态时的应激性反应会进一步趋弱。同时,针对贸易摩擦所蕴含的风险,显示器产业链的调整已经在 2019 年有所推进。上述举措会再度降低显示器整机市场应激性增长的可能性。

受此影响,群智咨询认为,2020 年全球显示器整机市场将会回落至 2018 年之前的常态,叠加疫情影响,将会继续下滑。从长期来看,市场仍需把握结构性机会,如电竞、高分、宽屏及曲面等;从短期来看,一季度

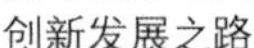

市场风险主要来自新型冠状病毒疫情。

纵观历年来全球显示器面板的供应规模以及整机出货规模变化趋势不难发现,受技术与显示应用迭代的影响,从 2012 年开始在经历了多年的衰退期后,全球显示器市场从 2017 开始进入了规模相对稳定的存量市场状态,2018 ~ 2019 年受宏观环境不确定因素的影响出现应激性增长,这种增长将于 2020 年回落,市场重新回归存量状态。存量市场难以实现量的增长,市场活力在于把握结构性机会,用结构性机会作为新的增量来盘活存量。

三、车载显示屏市场

车载显示器行业作为液晶显示行业的重要细分行业,其显示技术主要涉及 TN-LED 和 TFT-LED。近年来,随着抬头显示、后排车载娱乐显示系统等新的人车交互概念产生以及消费升级的需求,车载显示的应用类型日渐增多,市场总体保持较高速度的增长。

2019 年,全球车载 TFT-LED 出货量达 1.78 亿块,同比增长 9.9%。从全球市场的竞争格局来看,2019 年,日本显示公司(JDI)在车载 TFT-LED 出货量领域的市场份额最大,占比为 16.1%;其次是 LG 显示(LGD)出货量的市场份额,占比约 14.7%。

2020 年受新冠状肺炎疫情的影响,汽车销量将有所下滑,未来 5 年车载显示器的市场需求将小幅放缓,但汽车智能化、可视化已成为发展趋势,年均复合增速将维持在 5% ~6%。预计到 2025 年,全球车载 TFT-LED 出货量将达 2.5 亿块。

车载显示面板主要用于汽车的仪表板和中控台。中控显示面板是车载显示最大的市场。根据 IHS 数据,2018 年车载显示面板出货达 1.62亿片。其中,中控显示面板出货量为 7830 万片,车载显示面板出货量的 48.5%,是车载显示面板最大的应用市场;仪表板显示面板为 6080 万片,占比 37.6%,是第二大应用场景,而抬头显示器和电子后视镜的发货量将会比其他应用增长更快,但中控台和仪表板显示器的出货量占据主导地位。

目前,90% 车载屏应用是 a-SiLCD 产品,其优点是可靠性更高,产品迭代较慢。LTPS LCD 占比约为 10%,LTPS 在高集成度和高分辨率上有优势。随着 LTPS LCD 行业产品技术成熟度的提升,整体成本的下降,以及中尺产能逐步由手机市场向 IT 及车载市场的转移,未来车载市场份额有望进一步提升,LTPS LCD 产品也有望迎来需求放量。

从行业竞争格局来看,各大面板厂商纷纷布局车载显示市场。

根据群智咨询数据,2019 年上半年车载面板出货总量是约 7900 万片(不包含后装),其中 LGD 位列第一,同比增长约 36%,市场份额高达 16%。JDI 则处于第二,同比下降 20.5%,高端市场主要是 LGD、JDI 一争高下。第三位为天马,凭借大陆市场的稳步突破,同比增长显著,实现了约 11% 的年增长。

全球 LCD 行业龙头京东方,经过 2017 ~ 2018 年积极的车载显示推广策略后,成为比亚迪、Continental 等的合作伙伴,目前其市场占有率约为 8%,其增速高达 89.7%。

第三章
行业发展问题分析

第一节　玻璃基板在行业中的应用情况

玻璃基板主要用于高性能的手机显示屏，以及具有照相功能的手机光学镜头及玻璃零件。

当前，照相、摄像手机的解像度主流为500万像素，正逐渐提升至800万像素、1000万像素等更高解像度。更高的解像度需要更复杂的光学系统，以及更精确的光学玻璃零件。

手机引入自动对焦及变焦功能等特性，将增加所需的镜片数目，一般的2倍、3倍及4倍变焦镜片分别需要4～6块、6～8块及7～9块镜片，因此对玻璃元器件的需求也越来越大。

基于以上分析，预计未来几年手机照相功能对全球玻璃元器件的需求将会超过33.2%。一定程度上，具有照相功能的手机需求增加推动了光学镜头产业的发展，成为玻璃基板行业发展的重要推动力。新型光学材料是指近10年来，随着现代光学、光电子及信息技术的发展而兴起的光电数码产品和信息产品所应用的技术含量高、制作难度大、光学性能优越的光学材料。一般是指镧系光学玻璃、环保系列光学玻璃、低熔点及磷酸盐光学玻璃等。

为了降低成本、增强竞争力，全球的光电相关产业纷纷向我国进行转移。其中，日本的佳能、奥林巴斯、理光、尼康、美能达、索尼等公司纷纷将数码相机、LCD投影机等产品转入我国沿海地区。

目前,我国光学材料的开发水平与发达国家相比还存在着一定的差距,特别是与日本和德国等国际知名光学材料生产企业相比,无论是从光学玻璃品种,还是生产工艺及设备等方面都存在着明显的差距。

目前,光学材料的种类多达几十种,如无色光学玻璃和有色光学玻璃、红外光学材料、光学晶体、光学石英玻璃、人造光学石英晶体、微晶玻璃、光学塑料、光学纤维、航空有机玻璃、乳白漫射玻璃以及有关液体材料等。其中,光学玻璃在成像元件中使用得最多。塑料透镜在很多地方可以达到玻璃透镜的质量要求,特别是在眼镜行业,大有取而代之的趋势,但是由于它受到折射率低、散射高、不均匀性以及其他方面的使用限制,所以其使用范围不如光学玻璃广。

随着人类对生存环境保护意识的日趋加强,发达国家陆续颁布并实施环保法。如果禁止在玻璃中使用对人体有害的氧化铅和氧化砷,则要求在光学仪器及光电产品中必须使用环保化光学玻璃。

为达到这一规定,全球生产光学玻璃的主要企业,近年来已经开发出了多种系列的环保光学玻璃。其中,日本的 OHARA(株式会社小原)公司从 1993 年开始就已向市场提供了 31 个品种的无铅、无砷的环保光学玻璃,1996 年生产的环保光学玻璃已达到了 93 个品种,1997 年在产品目录中的 111 个品种的光学玻璃中已全部不含铅和砷,处于世界领先地位。日本的豪雅 HOYA(Hoya Corporation)公司在产品目录的 101 个品种中,从 1994 年开始就已推出 31 个品种的环保玻璃,2002 年已全部实现了无铅和无砷的环保光学玻璃。德国 SHOTT(肖特)公司从 20 世纪 80 年代开始开发环保型玻璃,2000 年在产品目录的 87 个品种中,已有 67 个品种属于无铅和无砷的环保光学玻璃。光学玻璃环保化已是世界光学材料行业发展的必然趋势。

从化学稳定性、高折射率高色散和价格等方面考虑,在普通光学玻璃中需加入 PbO(氧化铅)。从改善气氛条件、澄清除泡等方面考虑,在普通光学玻璃中需加入 As_2O_3(三氧化二砷)。二氧化钛属于变价态氧化物,加入过多将使生产技术的难度大大增加,所出现的问题是在短波范围内透过率下降,玻璃的耐失透性、透明性和除泡性变差。特别是铂熔制坩埚易对玻璃产生污染使玻璃着色,在产品出口时着色度达不到要求。磷酸盐和氟磷酸盐光学玻璃都属于低色散光学玻璃,具有特殊的相对部分色散。短波方向的相对部分色散比一般冕牌玻璃大,可用它来消除二级光谱的特殊色散。磷酸盐光学玻璃一般具有较低的软化温度,可用于精密模压成型,其良好的性能还表现在具有较高的荧光强度、荧光峰值位于短波长的一侧和负的折射率及温度系数。由于磷酸盐和氟磷酸盐光学玻璃在物化性能和制造工艺上难度较大,所以目前只有日本的HOYA、德国的肖特等企业能够批量生产。

近年来,日本、韩国对氟磷酸盐光学玻璃的询价大幅增加,表明国内外企业对氟磷酸盐光学玻璃的需求呈上升趋势。光学材料中的稀土光学玻璃,也称为镧系光学玻璃,在其组分中含有较多的稀土氧化镧,具有高折射率低色散的特性。其特点是能有效地扩大镜头的视场,改善仪器的成像质量,使镜头小型化、轻量化,是目前在数码摄像机、数码照相机、扫描仪、LCD 投影仪、数码复印机、紧凑型光盘只读储存器(Compact Disc Read-Only Memory,简称 CD-ROM)和滤波激光技术(DVDROM)读取镜头中广泛应用的高端光学电子信息材料,近期又被用于可拍照手机的光学系统,其发展前景相当可观。它随着光电信息产业的迅猛发展,已逐渐成为光学材料的主导产品。

我国镧系光学玻璃的生产到 20 世纪末一直处于工艺技术落后、设备陈旧、产量小、品种少、质量低、成本高的状况。该玻璃在高温熔制过程中黏度小、易析晶、成型困难,光学常数波动大,色散差,气泡与条纹不易消除,并对熔制用的陶瓷坩埚腐蚀严重。因此,使用传统生产设备和工艺无法解决产量低、质量差、成本高等问题。高端光学产品所需的光学玻璃和光学元器件基本上需从国外进口。

未来新型光学玻璃,包括未来光学和光电子等光电信息技术领域中可能应用到的光学玻璃、电子玻璃、半导体玻璃陶瓷、激光玻璃、I 线高均匀玻璃、高透过低光学系数玻璃、密集型光波复用(Dense Wavelength

Division Multiplexing，简称 DWDM）薄膜滤光片、玻璃陶瓷衬基、超低膨胀玻璃陶瓷、玻璃光盘（用于磁头浮动测试）、PLC 用玻璃陶瓷衬基和负热膨胀玻璃陶瓷等。这些产品在国外的一些大公司正在开发研究，部分产品已开始应用。

光学材料已经向高精密、多功能的光电信息材料方向发展。其中，用于液晶显示基板的高精密薄板玻璃、高品质镧系光学玻璃生产工艺、低熔点光学玻璃、非球面压型工艺、环保型光学玻璃、高密度光磁盘玻璃、磷酸盐光学玻璃、热成像用红外玻璃、微光夜视用光学玻璃、特种光纤玻璃，梯度折射率玻璃、磁光和声光玻璃等，都是国外近年来开发生产的新型光学材料或先进的生产工艺。这些技术的创新成果满足了军民高科技的发展需要。

我国在新型光学光电信息材料发展方面与国外相比还存在着较大的差距，其中液晶显示基板的高精密薄板玻璃、低熔点光学玻璃、非球面压型工艺、磷酸盐光学玻璃、高密度光磁盘玻璃在国内还处于空白。环保型光学玻璃、镧系光学玻璃的品种和质量及熔炼工艺技术还有待进一步提高，很多产品还有待开发。

液晶显示面板下游应用广泛，目前主要集中在液晶电视、平板电脑、智能手机、车载显示屏等领域。随着工业 4.0 和消费水平升级，可穿戴电子产品、人工智能、智慧城市等新兴行业都是未来的增量点。尤其是在互联网的普及以及物联网的快速发展下，显示屏作为人机交互最主要的方式，其市场规模正在随着终端设备数量和显示面积的增加而不断扩大。

如今市场主流需求是 G5 以上世代基板玻璃，一般而言：G5 为 1100mm × 1300mm；G6 为 1500mm × 1850mm；G8.5 为 2200mm × 2500mm。G5 基板玻璃主要用于手机、平板电脑等移动终端设备；G6 基板玻璃主要用来生产笔记本或显示器的液晶屏；而 G8.5 基板玻璃则主要用来切割大尺寸液晶电视的显示屏。与 G6 以下低世代相比，G8.5 以上高世代的基板玻璃能有效提升大屏幕液晶面板的良率以及产出率，同时降低生产成本,从而顺应未来大屏、多屏时代的发展潮流,未来市场对于G8.5及以上高世代基板玻璃的需求将日益提升。

一、玻璃基板市场

调研机构IHS预计,液晶电视、桌面显示器、笔记本电脑及其他大尺寸面板应用显示屏玻璃单元需求量呈下降趋势。尽管单元需求量在下降,但是面板厂商所生产的液晶显示屏幕尺寸正在扩大,显示屏玻璃基板需求仍将持续增加,当前整体玻璃基板产量能够匹配液晶面板的需求。国内主要液晶面板生产线见表3-1。

国内主要液晶面板生产线　　表3-1

液晶面板厂商	G4.5	G5.5	G6	G8.5	G10.5	合计
京东方	1	1	1	3	2	8
深天马	3	2				5
中国电子			1	1		2
鸿海			1		1	2
苏州三星				1		1
LGD广州				1		1
华星光电			1	2	1	4
深超光电		1				1
龙腾光电		1				1
中航光电		1				1
中电熊猫			1	1	4	6
合计	4	6	5	9	8	32

中国大陆在建以及规划建设的项目都是以G8.5及以上液晶面板线为主,由于中国液晶显示产业发展势头明显好于国外,全球液晶显示产业的重心开始向中国转移。根据群智咨询资料,2019年中国大陆地区面板供货面积全球占比达35%。国内厂商玻璃基板生产线情况见表3-2。

国内厂商玻璃基板生产线　　表 3-2

公　司	厂　地	代　数	条　数	年产能(万片)
彩虹股份	咸阳	G4.5	3	300
	合肥	G6	6	240
	张家港	G5	3	156
东旭光电	郑州	G5	4	240
	石家庄	G5	3	180
	芜湖	G6	6	300
中国建材(中光电)	成都	G4.5	2	300
凯盛科技	蚌埠	G8.5	2	—

本土玻璃基板厂商经过多年积累,目前主要有彩虹集团,东旭光电和中国建材几家国内玻璃基板厂,相比康宁等国外公司以 G8.5 线及以上为主,国内三家厂商基本都是投产在 G4.5 ~ G6。值得关注的是,2017 年 5 月彩虹集团和美国康宁合作在咸阳、成都分别建设一条 8.6 代 LCD 玻璃基板后段加工生产线。同时,东旭光电与日本电气硝子(NEG)于福建省福清市兴建 G8.5 线平板显示器用玻璃基板加工厂。2017 年 5 月,首批 8.5 代玻璃基板顺利下线且送京东方批量认证。虽然目前是后端加工为主,但这次突破必将为打通全产业链做了有效的技术储备。

二、基板玻璃理化性能要求及主流制造工艺

1.基板玻璃理化性能

对用于液晶显示面板的基板玻璃,其性质和质量要求非常严格,随着消费大众对显示屏的显示质量要求越来越高,增加了面板厂商的制备工艺难度,还有小于 1 mm 超薄基板玻璃的生产、运输和后加工,这一系列过程都对基板玻璃的理化性质和质量提出非常严格的要求。基板玻璃的理化性能见表 3-3。

基板玻璃的理化性能 表 3-3

理化性能	要　　求
外观质量	无划伤和凹凸，不能存在结石、条纹、气泡、应力等缺陷，不影响液晶面板的显示性能
应变点	>650℃
线膨胀系数（0～350℃）	（30～38）×10^{-7}/℃，且在制作液晶面板的工艺中热收缩率 <15×10^{-4}
化学稳定性	能耐受去离子水、多种酸性和碱性化学溶液的清洗和蚀刻，而不析出主要玻璃成分
密度	满足轻质的要求，≤2.5g/m^3
碱金属含量	<5×10^{-4}
杨氏模量	≥70GPa
维氏显微硬度	≥640MPa

上述 TFT-LCD 基板玻璃的理化性能主要是由玻璃的化学组成来决定的，为满足液晶面板基板玻璃的各项要求，美国康宁、日本旭硝子等选择的玻璃体系为 SiO_2-Al_2O_3-B_2O_3-RO，其中 RO 为碱土金属 MgO、CaO、SrO、BaO 的一种或多种组合。另外，还可在玻璃中加入少量的 SnO_2、ZnO、ZrO_2 调节玻璃的熔制性能、化学稳定性和机械性能，以及其他微量成分。主要商用无碱硼铝硅酸盐基板玻璃组成见表 3-4。

主要商用无碱硼铝硅酸盐基板玻璃组成 表 3-4

组成	SiO_2	Al_2O_3	B_2O_3	MgO	CaO	SrO	BaO	ZrO_2	ZnO	SnO_2
质量分数（%）	55～65	10～18	8～15	0～4	4～8	0.7～8	0～9	0～2	0～2	0～1

2. 基板玻璃主流制造工艺

目前，基板玻璃的制造工艺主要有浮法、流孔下引法和溢流法三种。流孔下引法的玻璃成形时直接接触金属滚轮，导致玻璃双面质量不高，需要后续抛光处理，加工难度较大，因此该法生产的玻璃不适合应用于 TFT-LCD 液晶面板产业。美国康宁公司的溢流法成型工艺是目前生产 TFT-LCD 用基板玻璃的主要生产方法，该法成形时玻璃板表面仅与空气

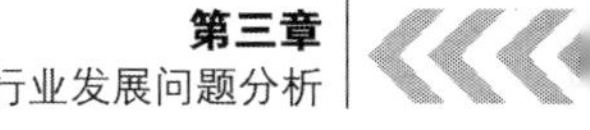

接触，形成自然表面，表观质量很高，但缺点是难以做高世代大尺寸基板玻璃，且产能小。日本旭硝子发展了浮法制造 TFT-LCD 基板玻璃的技术。浮法工艺易于扩大基板玻璃面积，降低单位成本，但在锡槽成型时接触液态锡的一面仍需要抛光处理去除锡层。三种基板玻璃制造工艺对比见表 3-5。

3 种基板玻璃制造工艺对比 表 3-5

项目名称	浮法	流孔下引法	溢流法
产能(t/d)	30～100	5～20	5～20
熔窑建造占地空间	占地面积大	占地面积小，厂房高	占地面积小，厂房高
熔窑工作方式	天然气/电助熔等	电熔/天然气等	电熔/天然气等
保护气体	有(N_2/H_3)	无	无
拉出方向	水平	垂直向下	垂直向下
成形介质	锡液	铂合金狭缝漏板	溢流砖
成形原理	锡液与玻璃液密度差	重力	重力
厚度控制	熔窑的拉引量、拉边机作用力、主传动速度等	熔窑的拉引量、流孔开口大小和下拉速度	玻璃液的溢流量和下拉速度
厚度范围(mm)	0.2～25	0.03～1.1	0.3～2.5
玻璃板尺寸	大面积，高世代	中小面积	中大面积
后续加工程度	适中，一面需要处理	较高，两面需要处理	最低，不需要处理
代表厂商	日本旭硝子(AGC)	日本电气硝子(NEG)	美国康宁(Corning)，日本板硝子(NHT)，国内东旭和彩虹集团
工艺优势	熔窑产能大，有益于稳定生产，经济性良好；适合生产大尺寸玻璃基板，高世代线；熔窑寿命长等	在生产极超薄厚度下玻璃基板具有一定优越性	玻璃表面质量良好；能精确控制玻璃基板的厚度、表面平整度和翘曲等，后续加工成本低等
工艺劣势	澄清难度较大；后续加工成本较高等	玻璃表面质量不及溢流法。产品的尺寸难以做大，产能偏低	板宽尺寸

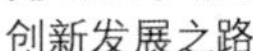

玻璃基板行业属于典型的技术密集型和资本密集型行业，制造工艺复杂，技术门槛高，核心技术只被少数国家所掌握。目前，全球基板的主要供应商为美国康宁（Corning）、日本旭硝子（AGC）、电气硝子（NEG）等，共占据了市场94%的份额，其中康宁占据了50%的份额。我国玻璃基板产业起步较晚但发展迅速，目前只有彩虹集团和东旭光电掌握了溢流法生产技术，能够实现批量生产G6及以下尺寸基板玻璃。

第二节 市场需求关系

2020年新冠疫情改变了全球人类的生活方式。由于封锁，人们待在家里，转向使用笔记本电脑、平板电脑和显示器来搜索信息和在家工作。电视机和智能手机原本预计会像汽车行业一样受到新冠疫情的负面影响。

然而，2020年第三季度以后，电视和智能手机的需求变得非常强劲。虽然与2019年相比，2020年的单位需求仍然是负的，但面积需求同比正在变成正值。液晶显示面板在TFT和彩色滤光片上共利用两片玻璃基板。显示玻璃基板需求的加倍促进了面积需求的增加。由于新冠疫情的爆发，2020年第二季度显示面板面积需求同比为负。但据市场研究公司Omdia的分析显示，2020年第三、四季度，显示设备需求强劲。另外，Omdia还预测2021年的面积需求同比为正。

到2021年，显示材料的需求应该相当强劲。由于需求强劲，部分材料和组件将面临紧缺或短缺。驱动IC处于短缺状态，而偏光片和玻璃基板则趋于紧张。显示玻璃基板供应链在显示玻璃基板行业中，三大显示玻璃基板制造商一直占据着主导地位。它们分别是美国的康宁（Corning）、日本的AGC和NEG。主要的面板厂商都试图垂直整合显示玻璃基板。一个著名的例子是LG化学开始生产显示玻璃基板。然而，由于业务产量低，多年来难以盈利，最终，LG化学在2020年关闭了显示玻璃基板业务。另外，中国政府也试图支持并发展中国的显示玻璃基板

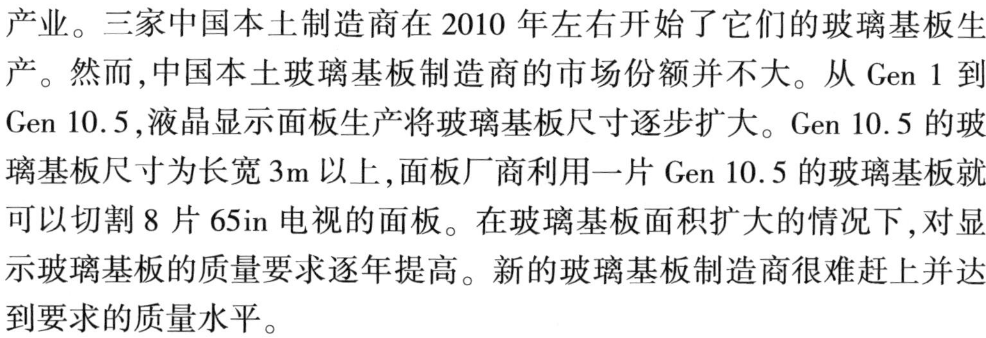

产业。三家中国本土制造商在2010年左右开始了它们的玻璃基板生产。然而，中国本土玻璃基板制造商的市场份额并不大。从Gen 1到Gen 10.5，液晶显示面板生产将玻璃基板尺寸逐步扩大。Gen 10.5的玻璃基板尺寸为长宽3m以上，面板厂商利用一片Gen 10.5的玻璃基板就可以切割8片65in电视的面板。在玻璃基板面积扩大的情况下，对显示玻璃基板的质量要求逐年提高。新的玻璃基板制造商很难赶上并达到要求的质量水平。

此外，一个新的平板显示玻璃基板熔窑投资需要高达3亿美元。对于新公司来说，新窑投资风险很大。因此，三大玻璃基板制造商将继续主导未来市场。显示玻璃基板供需预测。如果供需比在0以下，则代表短缺。如果供需比在0~5%，则代表紧张。如果供需比在5%~10%，那么供需是平衡的。如果供需比超过10%，则意味着供过于求。2020年第三季度显示玻璃基板供需比为0，第四季度为只有4%。这表明形势相当紧张。主要玻璃基板厂商都接到大订单，面板厂商也很难采购到足够的玻璃基板。另外，新冠疫情对材料供应链仍有负面影响。材料厂商很难控制物流，也很难向面板厂商派遣技术支持的员工。目前，疫情给玻璃基板供应链增加了生产的困难度，尤其是新的玻璃熔炉。

预计2021年第二季度和第三季度将再次出现供应紧张。新的玻璃基板熔窑需要两年时间才能用于量产。2021年，各大玻璃基板厂商可能会对玻璃基板产能进行修复。预计到2021年，显示玻璃基板将持续紧缺。显示玻璃基板价格预测，2019年，典型的液晶面板价格以32英寸HD Open Cell价格为代表，最低为29美元。调研显示，现在面板价格大涨，32英寸Open Cell目前超过70美元。如果材料价格和面板模组价格一样波动，那么材料商的风险将变得相当大。因此，面板材料商在生产还有降低成本空间的情况下，提出持续降价。过去玻璃基板也是如此。然而由于到2021年，显示玻璃基板的供求关系将趋于紧张，因此Omdia预测显示玻璃基板价格将趋于稳定且没有降价的空间。显示玻璃基板厂商一般不像驱动IC或偏光板一样会因供给短缺而涨价。但是，当玻璃基板供应紧张时，玻璃基板将没有降价空间。

面板产线向高世代和具有高利润空间方向发展的过程，也决定了基板玻璃产线相同的发展趋势。目前，国际基板玻璃巨头们早已将重心转移到大尺寸、LTPS 以及 OLED 基板玻璃的建设上。而国内企业在转型发展的过程中受到诸多限制，一直未能成功突围。如今，这一情况终于有所转变。

近年来，终端显示市场需求持续增长，带动平板显示产业规模的不断扩大。据赛迪智库数据预计，今年显示面板出货面积将达 2.66 亿 m^2，年均增长率为 4%。尤其是大尺寸面板的需求增长强劲，带动液晶电视面板平均尺寸增加约 1.3in，出货面积达到 1.62 亿 m^2。

群智咨询数据显示，目前我国已建成及在建的 G8.5 + 面板产线共计 16 条，其中的 14 条产线已量产运营。预计 2021 年，产线全部建成投产后，G8.5 + 高世代面板将占国内面板总产能的 80% 以上。

作为产业中必不可少的基底材料，基板玻璃之于液晶面板产业的意义相当于硅晶圆之于半导体产业。其成本约占整个液晶面板原材料的 20%。基板玻璃的优劣，直接影响到液晶面板的性能与品质，面板成品的透光率、厚度、质量、可视角等指标均与所采用的基板玻璃密切相关。

据悉，随着显示面板出货面积持续增长，基板玻璃作为上游关键基础材料，预计 2020 年，其增长率将达到 8%。其中，来自中国的 G8.5 + 高世代线基板玻璃的需求将达 2.5 亿 m^2。业内表示，未来 5 年，我国基板玻璃市场仍处于黄金发展期。

面对市场的蓬勃发展，基板玻璃产业正迎来前所未有的发展机遇。不过，与显示面板相比，我国基板玻璃整体发展水平相对滞后。尤其是大尺寸基板玻璃、低温多晶硅（LTPS）基板玻璃等，一直是弱项。

一、大尺寸基板玻璃热端已量产

基板玻璃行业属于技术密集型和资本密集型行业。虽然国内部分厂商已掌握了浮法和溢流法工艺，能够批量生产 G6 及以下尺寸的基板玻璃,但在 G8.5 及以上的大尺寸基板玻璃生产方面,国内企业仅具备冷端加工能力,且来源受限。

而在热端熔炉方面,由于制造工艺复杂、技术门槛高,技术只被少数国家所掌握,国产化制造能力较弱,这一直是国内基板玻璃制造企业的软肋。

目前,美国康宁(Corning)、日本旭硝子(AGC)、日本电气硝子(NEG)等几家国外厂商占据了绝大部分的市场份额。国内厂商有待实现在大尺寸基板玻璃上的突围。

目前,国内厂商彩虹股份终于突破了技术,建成的国内首条 G8.5 + 溢流法热端基板玻璃产线已量产运营,为我国大尺寸基板玻璃产业规模化发展奠定了基础。

在研发生产过程中主要遇到的难点:一是技术难点,产品要求有良好的化学稳定性、低热膨胀系数、高应变点和低缺陷密度,技术上就需要大流量、低缺陷、超薄宽板幅及高平整度的实现;二是工艺挑战,为保障装备在长时间、高温度、多相条件下的可靠性和稳定性,对相关工艺提出了全新的挑战;三是材料缺失,国外企业的热端关键材料一直被严密封锁。

大尺寸基板玻璃生产难度的确很大。虽然 G8.5 相比 G6 面积增加一倍,但是对单张玻璃的微缺陷数量要求却保持不变,缺陷密度要求大幅下降,工艺实现难度更大。此外,大尺寸基板玻璃的板厚均匀性和平整度要求维持不变,控制的精细程度要求更加苛刻。

二、加快向 LTPS/OLED 基板玻璃转型

虽然大尺寸液晶基板玻璃正迎来蓬勃发展,但国内基板玻璃企业并没有止步于此。如今,它们将目光投向 OLED 面板领域。

据 HISMarkit 预测,2020 年 OLED 面板出货量将增长 50%,达到 450 万片,到 2021 年,出货量将达到 670 万片。而我国 OLED 显示用基板玻璃需求将达 4000 万 m^2,大概占我国基板玻璃总需求的 10%,且在逐步

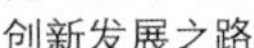

提升，未来有很大的需求空间。

对于国内厂商而言，LTPS 基板玻璃可作为 OLED 载板玻璃，是符合新型显示发展趋势的重要突破，为当下热门的 OLED 面板制造提供有力的上游材料支撑。

与大尺寸基板玻璃一样，LTPS 基板玻璃成套生产技术长期被美国和日本企业所垄断，国内面板企业所需的 LTPS 基板玻璃全部通过进口。

近日，国内厂商东旭拿下一城，其完成的“G6（兼容 G5.5）LTPS 基板玻璃研制与产业化项目”荣获安徽省科学技术进步奖一等奖。目前，该项目产线已实现良品下线并迅速拿到首批订单。

据悉，彩虹股份也已经布局了 LTPS/OLED 基板玻璃产业，相关量产技术已在线获得验证。

LTPS 器件晶化工艺的热处理温度较 TFT-LCD 更高，所以对基板玻璃的热收缩率及平整度要求更高。针对 LTPS 玻璃产品的性能特点，需要从以下两方面实施技术突破：一是联合研发耐高温的关键装备及材料；二是优化设计，改进 LTPS 装备和工艺。

预计刚性 OLED 基板玻璃将率先完成产业化配套，柔性 OLED 基板玻璃还需进一步的产品才能逐步进入供应渠道。刚性 OLED 基板玻璃主要性能需求与 TFT-LCD 玻璃基板相似，按照 OLED 背板制程工艺，需要能够满足在 550～600℃温度范围内的正常使用。而柔性 OLED 基板玻璃除了能满足高温环境工作外，还要保证较高的、片内均一的紫外线（Ultraviolet，简称 UV）光透过率，并满足使用激光剥离技术将柔性基底与基板玻璃分离的需求。

对于国内基板玻璃企业而言，高利润的高端产品缺失，低端产品价格竞争又十分惨烈，对企业经营情况影响较大。为改善经营状况，维持企业健康发展，国内玻璃基板企业应进一步加大新产品的技术研发投入，加快转型升级的步伐与速度。

目前，OLED 面板产线主要以 6 代及以下世代线为主。而 6 代及以下的中小尺寸液晶基板玻璃产线可以通过改造，转化成为 OLED 基板玻

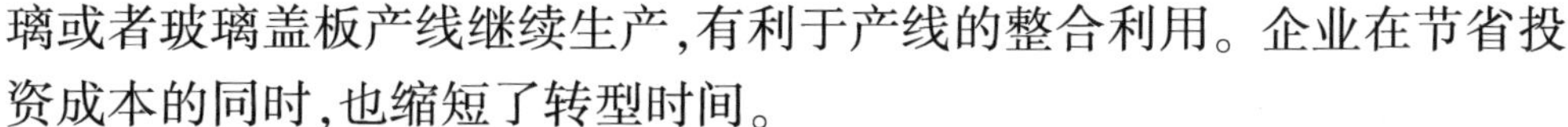

璃或者玻璃盖板产线继续生产，有利于产线的整合利用。企业在节省投资成本的同时，也缩短了转型时间。

第三节　显示面板行业的未来——OLED

一、OLED 技术发展和市场前景

显示材料技术作为信息产业的重要组成部分，在信息技术的发展过程中发挥了重要作用，大到电视机、笔记本，小到手机、平板，都离不开显随着材料技术的发展，显示技术也从最初的阴极射线管显示技术（CRT）发展到平板显示技术（FPD），平板显示更是延伸出等离子显示（PDP）、液晶显示（LCD）、有机发光二极管显示（OLED）等技术路线，各种触摸显示屏、可弯曲显示屏在数码产品的应用上大放光彩。平板显示技术分类如图 3-1 所示。

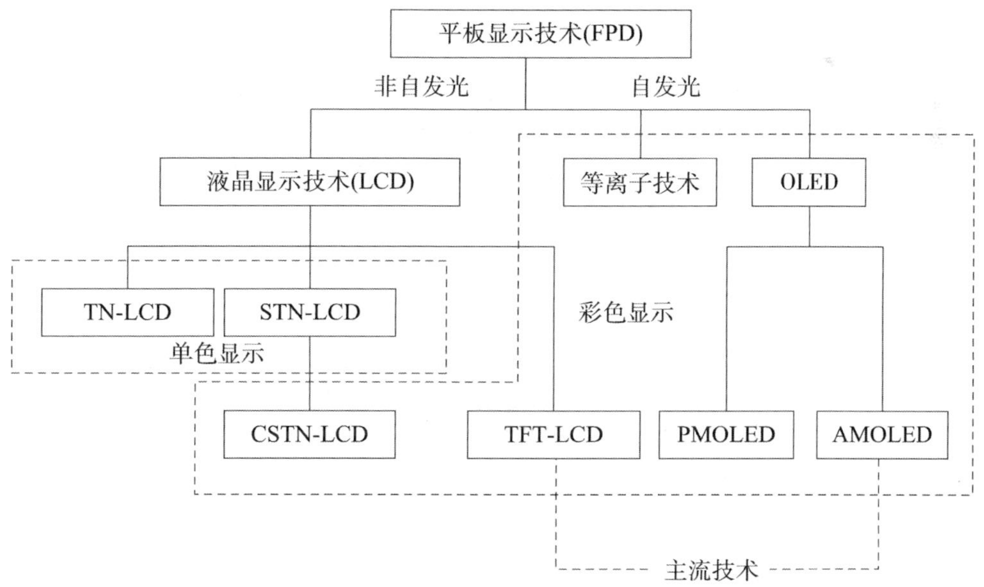

图 3-1　平板显示技术分类

从技术发展路径来看，显示技术的发展大致可以分为以下三个

阶段。

第一个阶段:1897 年,世界上第一台 CRT 诞生,实现了电信号向光输出的转换。随着技术工艺完善,20 世纪 50 年代开始,CRT 技术实现产业化,黑白 CRT 电视和彩色 CRT 电视成为生活中最重要的显示设备。

第二个阶段:20 世纪 90 年代,等离子技术、液晶技术并行。2000 年后,随着液晶技术的完善,其在显示效果、成本等诸多方面均明显超过等离子技术,等离子技术逐步退出市场。目前,液晶技术已是全球最主流的显示技术。

第三个阶段:随着材料技术的发展,OLED 技术出现并实现产业化。2006 年之前,OLED 面板多为 PMOLED 面板,主要针对小尺寸显示器件。显示材料技术发展历程如图 3-2 所示。

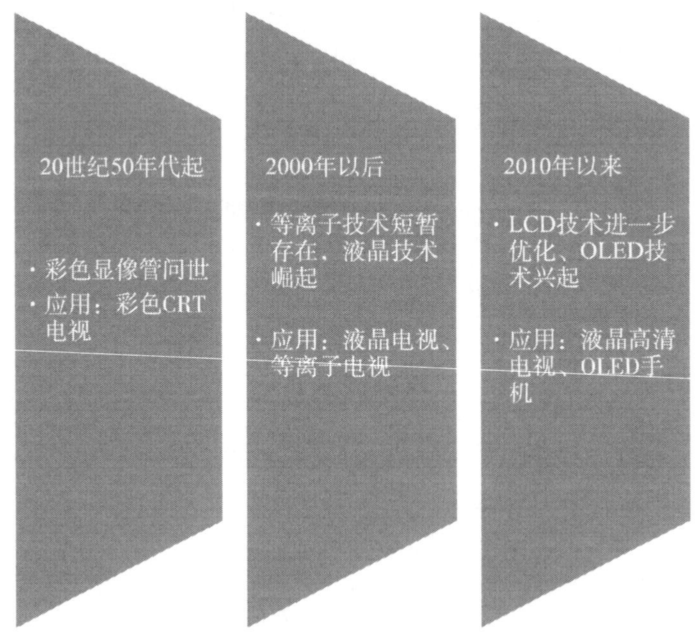

图 3-2　显示材料技术发展历程

2008 年,诺基亚推出了第一台应用 AMOLED 显示屏的手机,随后索尼、LG 推出小尺寸 OLED 电视;2010 年,三星大举推进 AMOLED 技术,并在其高端手机中广泛使用 AMOLED 面板,OLED 的商业化进程得到了实质性进展。OLED（Organic Light-emitting Diode）为有机发光二极管，采用有机发光材料，是柔性显示技术的基础核心物质。

这种发光原理早在1936年就被人们所发现，在1963年Pope发表了世界上第一篇有关OLED的文献，当时用数百万伏电压加在有机芳香族蒽(Anthracene)晶体上时观察到发光现象，但由于电压过高，而且发光效率很低，所以没有受到重视。

1987年，由美国美籍华裔教授邓青云在实验室制成多层结构的OLED器件，在1990年英国剑桥大学的Friend成功制备高分子OLED原件引起全球范围内越来越多的科研机构和企业的关注，并先后投入到OLED研发与生产中。1999年，先锋(Pioneer)公司发布全球第一款OLED产品。2002年之后，全彩OLED产品大规模流入市场。

在2006年之前，OLED技术多以PMOLED技术为主，主要针对小尺寸显示器件，比如播放器、数码相机、随身听等。在2006年之后，西门子推出了全球第一支应用AMOLED技术的手机，随后索尼和LGD先后推出小尺寸OLED电视。直至2010年，三星SDC大举推进OLED技术，并在三星的高端手机领域广泛应用。2016年，苹果宣布采用OLED金并与三星签订每年采购一亿块OLED面板，标志着OLED开始大踏步前进以取代LCD成为主流显示技术。OLED的发展历程如图3-3所示。

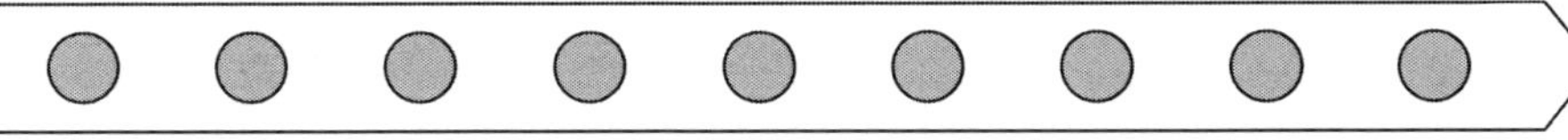

图3-3　OLED的发展历程

OLED相比LCD优势较大，但全面推广还面临较大问题。目前，平板显示(FPD)的主流产品为液晶面板与OLED面板。其中，TFT-LCD平板作为液晶面板的一种，因其具有的工作电压低、功耗小、分辨率高、抗干扰性好、应用范围广等一系列优点，仍为显示产业的主流产品，被广泛应用于笔记本电脑、桌面显示器、电视、移动通信设备等领域。

OLED 即有机发光二极管，用于显示或照明。OLED 面板在推出伊始价格较为昂贵，未进入日常电子消费品行列，2010 年之后随着其生产工艺的提升，OLED 屏幕逐渐在手机、可穿戴设备应用和推广。目前，AMOLED 是 OLED 技术的主流产品，广泛应用于手机、平板电脑等小尺寸平板显示中。

TFT-LCD 面板和 AMOLED 面板在各自的制造中对显示材料的选择不同，液晶终端材料及 OLED 终端材料分别是两种面板的主要制造原料。由于两种显示材料的特性不同，两种显示面板也表现出各自的产品特性。TFT-LCD 面板和 OLED 面板产品特性比较见表 3-6。

TFT-LCD 面板和 OLED 面板产品特性比较 表 3-6

特　　性	TFT-LCD	OLED
柔性显示	不可能	可能
透明显示	可能	可能，更易实现
响应速度	1ms	20μs
视角	170°	180°
色彩饱和度	60%～90%	110%
工作温度	−20～70℃	−40～85℃
对比度	1500∶1	2×10^6∶1
发光方式	被动发光（需背光）	固态自放光
厚薄	2.0mm	<1.5mm
制造流程	复杂	简单
耐撞击	承受能力差	承受能力强

由于 OLED 构造相对简单，因此在质量、厚度上都相对 TFT-LCD 更轻、更薄。此外，OLED 的材料特性使得其可以实现柔性显示和透明显示，在一些新兴应用领域，如可穿戴电子设备（VR 设备、智能手表等）上，OLED 面板取代液晶面板成为智能设备制造商的唯一选择。

虽然 OLED 有上述诸多优点，但还存在一些问题制约着 OLED 大面积的推广。OLED 还无法大面积取代推广的原因如图 3-4 所示。

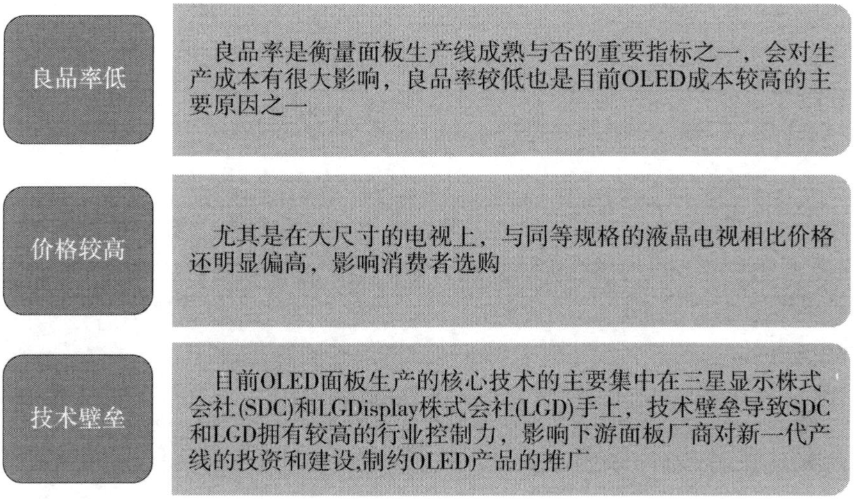

良品率低	良品率是衡量面板生产线成熟与否的重要指标之一，会对生产成本有很大影响，良品率较低也是目前OLED成本较高的主要原因之一
价格较高	尤其是在大尺寸的电视上，与同等规格的液晶电视相比价格还明显偏高，影响消费者选购
技术壁垒	目前OLED面板生产的核心技术的主要集中在三星显示株式会社(SDC)和LGDisplay株式会社(LGD)手上，技术壁垒导致SDC和LGD拥有较高的行业控制力，影响下游面板厂商对新一代产线的投资和建设,制约OLED产品的推广

图 3-4　OLED 还无法大面积取代推广的原因

技术壁垒方面展开来说,面板制造的上游主要有三大部分:设备制造、原材料、组装零件。

(1)设备制造方面:国内企业明显较弱,基本被外资企业所垄断,尤其是在显影刻蚀、镀膜封装两大领域,国内更是鲜有企业可以参与竞争;在平板测试领域,精测电子后段检测设备方面具有较强的竞争力,可以占据大部分国内市场,在中、前段检测领域外资企业仍然占有绝大部分市场份额。

(2)原材料方面:在有机材料、偏光板、封装胶领域,主要被国外企业垄断,在玻璃基板领域,国内企业具有一定的竞争力。

(3)组装零件方面:在驱动 IC、电路板、被动元件领域的主要市场也被外资所垄断,中颖电子在 OLED 驱动 IC 方面已经实现量产,具备一定的竞争力。

因此,TFT-LCD 产业因其规模大、技术相对成熟、市场广阔,还将作为显示行业的中流砥柱;而 OLED 作为朝阳产业,发展迅速、潜力大,代表了新的应用方向。目前,在大尺寸平板显示应用上,短期内 OLED 工艺技术的成熟度和成本尚不能与 TFT-LCD 形成全面竞争态势。OLED 产业链及各环节主要公司如图 3-5 所示。

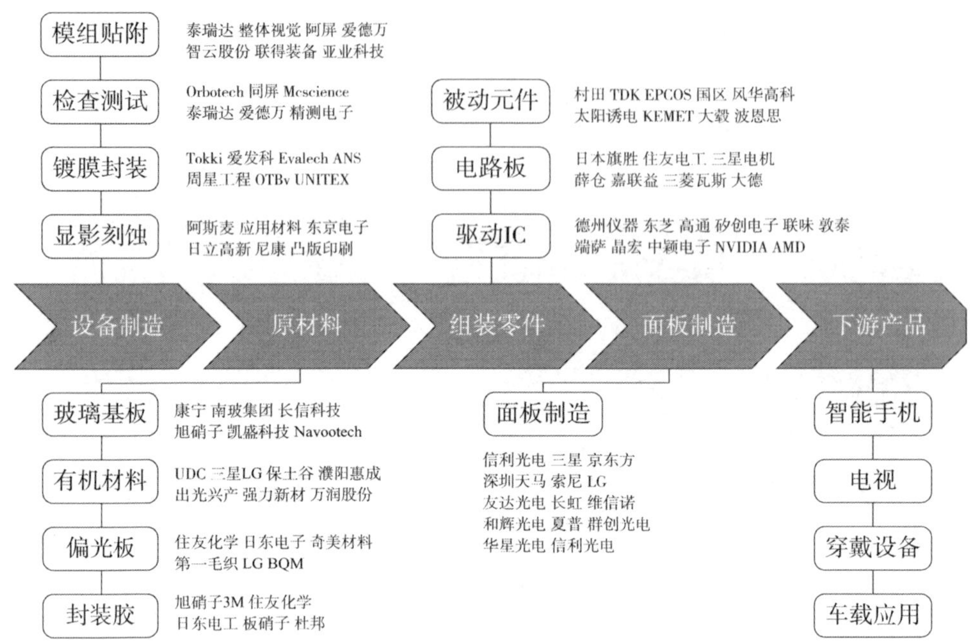

图 3-5　OLED 产业链及各环节主要公司

AMOLED 在新兴领域站稳脚跟，在移动设备市场崭露头角。全球平板显示面板的销售面积平稳增长，年增长率在 3% ~ 11%。2017 年，平板显示面板的销售面积达到 2.00 亿 m^2，同比增长 6.51%。2013 ~ 2017 年平板显示销售面积如图 3-6 所示。

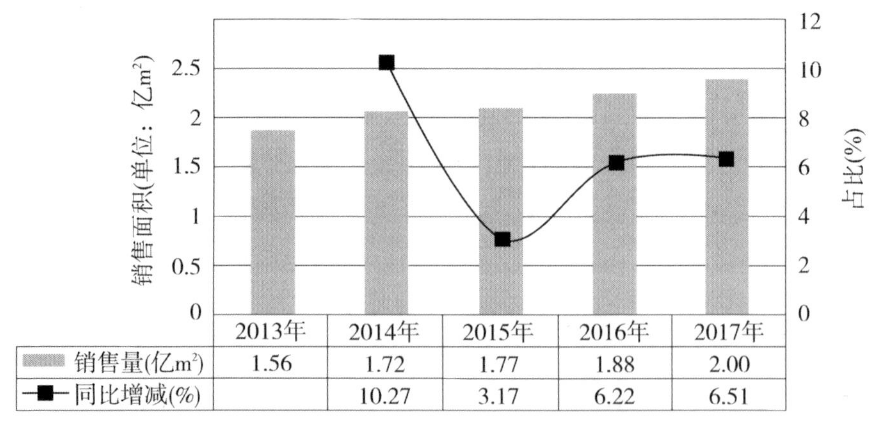

	2013年	2014年	2015年	2016年	2017年
销售量(亿m^2)	1.56	1.72	1.77	1.88	2.00
同比增减(%)		10.27	3.17	6.22	6.51

图 3-6　2013 ~ 2017 年平板显示销售面积

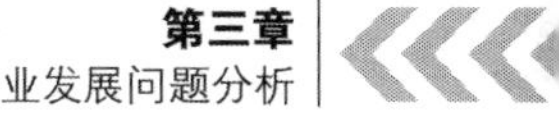

随着技术的进步和新应用领域的出现，平板显示市场稳步增长，逐步划分为三块细分市场。

第一，由液晶技术主导的传统市场，由于TFT-LCD面板的成熟性及逐步改良的成本优势，大屏幕显示市场仍由液晶主导，该市场仍是目前平板显示最大的市场；第二，液晶与OLED技术交叉存在的市场，该市场主要由手机及平板电脑的中小尺寸显示屏幕构成，由于液晶技术与OLED技术各有千秋，两种显示面板共同瓜分了这块市场；第三，新兴市场，该市场是随着消费电子的发展而衍生的一块市场。近年来随着技术的发展及用户需求的提升，一些新的电子消费品因为AMOLED技术的特性实现商业化，如可穿戴设备、曲屏手机、VR设备等，这部分市场完全由AMOLED面板主导，是平板显示新增的一块市场。AMOLED与TFT-LCD在细分市场的竞争格局如图3-7所示。

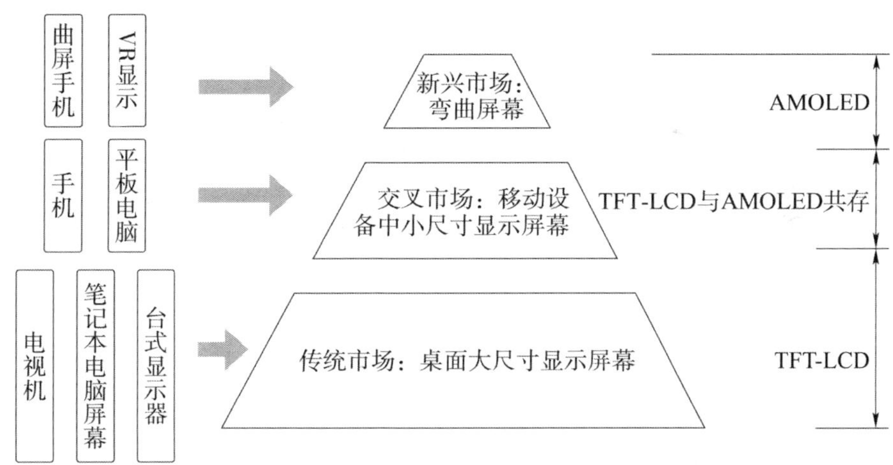

图3-7　AMOLED与TFT-LCD在细分市场的竞争格局

2017年，TFT-LCD和AMOLED面板全球市场收入占比分别为78.57%和20.02%。AMOLED市场渗透率翻倍主要得益于智能手机推广使用AMOLED屏幕及AMOLED电视的商业化加速。2014～2017年全球TFT-LCD和AMOLED面板收入占平板显示的比例如图3-8所示。

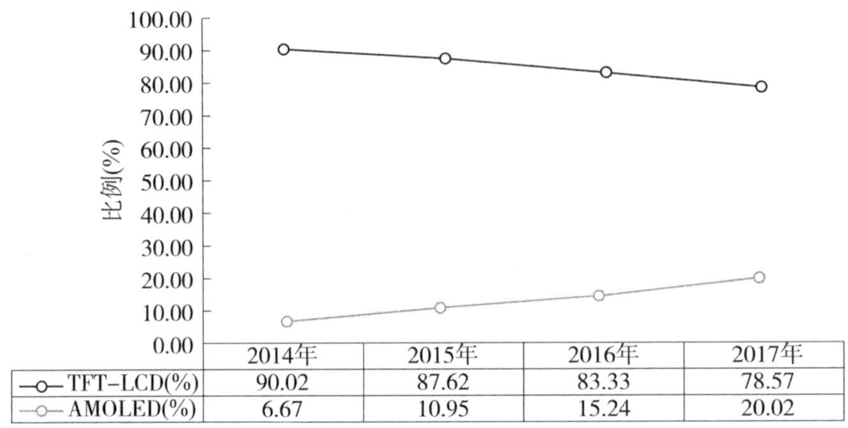

图 3-8　2014～2017 年全球 TFT-LCD 和 AMOLED 面板收入占平板显示的比例

二、显示面板生产线建设迎来高潮——OLED 占据半壁江山

显示面板行业具有非常明显的周期性，具体表现是：一批产业化的先驱企业开拓了显示产品的应用，创造出市场需求。当产品为市场接收后，一时供不应求引发现有企业进行新的投资，并出现一批新进入者。新投资带来的产能迅速扩大导致产能过剩、产品价格下降，进而造成产业衰退。价格下滑过后，导致需求扩张（液晶产品的成本下降导致其应用范围的不断扩张），再次出现产能不足，又引发新一轮的投资和企业进入，如此循环往复。

在当前市场格局下，国内面板厂商都对投资生产燃起了新的热情。在京东方和华星光电投资建设了 10 代以上面板生产线后，富士康、惠科、中电熊猫等企业也开始布局高世代面板生产线，抢占产品大尺寸化的风口。2017 年中国内地在建显示面板产线汇总见表 3-7。

2017 年中国内地在建显示面板产线汇总　　表 3-7

时间	厂商	地址	世代线	技术类型	投资额	状态
2 月 8 日	京东方	福州	G8.5	TFT LCD	300 亿	投产
3 月 1 日	富士康	广州	G10.5	TFT LCD	610 亿	开工
4 月 20 日	天马	武汉	G6	AMOLED	120 亿	投产

续上表

时间	厂商	地址	世代线	技术类型	投资额	状态
8月11日	京东方	昆明	—	微型 OLED	11.5亿	签约
8月28日	和辉光电	上海	G6	AMOLED	272.78亿	吊装仪式
8月29日	维信诺	固安	G6	AMOLED	300亿	封顶
9月1日	视涯信息	合肥	—	硅基 OLED	20亿	签约
9月26日	惠科	滁州	G8.6	TFT LCD	240亿	开工
9月28日	中电熊猫	成都	G8.6	TFT LCD	280亿	设备搬入
10月26日	京东方	成都	G6	柔性 AMOLED	465亿	量产
11月29日	华星光电	深圳	G11	TFT LCD/AMOLED	465亿	封顶
12月20日	京东方	合肥	G10.5	TFT LCD	458亿	投产
12月25日	CEC	咸阳	G8.6	TFT LCD	280亿	投产
12月26日	LG	广州	G8.5	AMOLED	305亿	获批
12月28日	华星光电	武汉	G6	柔性 AMOLED	350亿	封顶

第四节　产品迭代遇到的问题和解决方案

一是,这条产业链,究竟上下游情况如何?

二是,其业绩出现反转的原因,是否与玻璃盖板行业的增长驱动力一致?除了手机玻璃盖板,是否还有其他消费领域,存在新的增长点?

三是,玻璃盖板的竞争格局如何?除了蓝思科技,是否还有其他需要研究的标的?显示新增的一块市场对于蓝思而言,未来是否还有市占率提升的空间?

手机屏幕一般分为三层:外玻璃层、触摸感应器层和显示屏幕层。玻璃盖板就是屏幕外面那层玻璃。主要作用是保护手机的内屏。玻璃盖板产业链,从上游到下游,依次为:

上游,为原材料制造商,主要包括美国康宁、日本旭硝子、日本电气硝子、东旭光电、彩虹股份等。

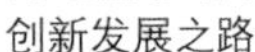

中游,为盖板制造商,其中,玻璃背板主要包括蓝思科技、伯恩光学、通达集团等。

下游,为终端手机、汽车、智能可穿戴设备厂商,主要包括苹果、华为、小米、特斯拉、亚马孙、谷歌等。由于下游手机厂商业务复杂,且上游是化工原材料,它们与中游的增长逻辑不同。因此,主要来看中游。另外,需要说明的是,玻璃盖板包含了前盖板、后盖板之分,以手机玻璃盖板为例,无论是前、后盖板,都会驱动中游玻璃加工环节的价值量增长,玻璃盖板行业,当前主要受益于手机玻璃盖板的增长,其背后的逻辑主要是5G手机的影响。

2017年,苹果手机iPhone X搭载无线充电,其他各大手机厂商均在2018年开始推出无线充电手机。2019年开始,5G手机不断上市。由于5G的频率比4G高,衰减速率加快,金属背板对电磁波有屏蔽作用,易造成信号损失。同时,金属外壳还会引起能量损耗,不利于无线充电。因此,玻璃背板产业链加快渗透,是5G背景下的必然趋势。

至2019年二季度,金属背板的渗透率下降至5%,随之提升的是玻璃背板渗透率,从15%提升至56%。因此,玻璃盖板未来增长的驱动力,主要有三个:一是玻璃材料相对于其他手机背板材料的渗透率提升;二是5G手机出货量的增长;三是其他玻璃消费领域的玻璃背板用量的增长。

首先,玻璃材质相较于金属、陶瓷等背板材料,未来是否还有提升空间?这主要看其能否继续抢占塑料背板,以及陶瓷背板的市场份额。塑料背板,因为不会对5G信号产生屏蔽影响,且价格低廉(塑料复合背板的价格仅为3D玻璃的1/3,在20~30元),所以,其主打中低端市场。那么,玻璃背板想要替代塑料背板,主要得从性价比入手。

从价格上来看,低端2D玻璃平均价格约为20元,2.5D玻璃的价格约为23元,与塑料背板差距不大。而较高端的3D玻璃价格,则高达70~100元,明显高于塑料,且成本下降空间有限。

然而,虽然2D/2.5D的价格与塑料相近,但2D玻璃易碎,2.5D玻璃无法使用 OLED 屏幕。因此，中低端手机厂商更换 2D/2.5D 玻璃的动力较小。

综上，玻璃背板抢占塑料背板市场的空间不大。

另外，对于陶瓷背板而言，虽然其耐磨性、硬度、观感都优于玻璃背板。但是，陶瓷背板良率低，陶瓷原材料氧化锆的产能受限，限制了其大规模应用范围。目前只少量运用在高端价位的手机背板中。那么，陶瓷材料的产能和良率，短时间内是否能够快速提升，从而对玻璃背板产生冲击？则先看现有产能有多少。

目前，从氧化锆粉体的产能上来看，全球每年产能约 4 万 t。其中，高端产能可用于生产手机背板的产能不足 1 万 t，并且，这 1 万 t 产能中，大部分还需要用于传感器、燃料电池等领域。

即使乐观假设这 1 万 t 产能完全用于生产手机背板，按照每吨粉体约生产 1 万片手机背板计算，也仅能生产 1 亿部，与目前全球手机 3 亿部左右的出货量，仍有较大差距。然后，我们再看产能是否有扩建？近年来，各氧化锆厂商虽有小幅度扩产，但从陶瓷背板渗透率的变动上来看，近年来均维持在 1% ~2%，并无明显变化，说明扩产幅度不高。之所以扩产不高，主要原因是技术难度高，且陶瓷背板生产的整条产业链较长，各环节的良率环环相扣，导致产品良率很难快速提升。陶瓷背板的良率普遍在 20% ~30%，远低于塑料的 95% 以及玻璃的 50% ~90%。

因此，短期内看，陶瓷背板对于玻璃背板不会形成很大的冲击。综上所述，玻璃背板在手机领域，将继续保持优势地位。那么，接下来手机玻璃背板的增速，该怎么量化？我们分别从量和价两个维度来看。玻璃背板量的增长，看 5G 手机出货量，增速约为 53%。玻璃背板的增长，此处主要参考 5G 手机出货量增速，预计 2020 ~ 2023 年年复合增速为 53%；玻璃盖板单位价值量，提升空间有限玻璃背板从单位价值上看，3.5D（110 元）>3D（65 ~100 元）>2.5D（20 ~30 元）。

目前，手机玻璃盖板主要以 3D 玻璃为主，渗透率为 66%，且近几年持续提升。3D 玻璃相对于 2.5D 来说，更能够适应与目前柔性 OLED 屏幕的需求，且价格更高，所以主要用于中高端手机，而2.5D主要用于低端机。考虑到低端机的市占率本身就在30%左右，与2.5D玻璃的渗透率（34%）基本一致。因此，未来除非3D玻璃能够较大幅度的降价，否则3D玻璃的渗透率提升空间有限。

另外，从产品升级角度来看，3.5D玻璃（“瀑布屏”）虽然问世，但是其限定于瀑布屏设计、折叠手机等小众机型中，且工艺更难，未来3.5D玻璃是否能够占据主导，目前还很难判断。所以，单位价值量的提升比较有限。我们保守假设，未来玻璃背板的单位价值量增速为0。

综上，短期内手机背板增长受益于5G手机放量，增速达到56%。不过，随着5G换机潮结束，未来手机背板的增速可能会大幅度下降。

那么，除了手机领域外，未来玻璃背板行业的增长还能看什么领域?

车载显示屏，也是玻璃盖板的主要应用领域。车载显示屏主要包括中控显示屏、仪表显示屏、抬头显示屏、电子后照镜显示屏等。

根据全球市场洞察公司（Global Market Insights，Inc.）数据，2018年全球汽车显示市场规模约为150亿美元，而2019~2025年，全球汽车显示屏市场将保持至少10%的年复合增速增长，对应的单位出货量将超3.5亿个。其中，中控显示面板占比较大，占比48.33%，其次为仪表显示，占比为37.53%。

未来随着汽车辅助驾驶、信息化和智能化概念不断升温，车载显示成为人车交互入口，其需求也随之不断攀升。我们从量、价两方面来看未来玻璃盖板在车载显示屏中的市场增长空间有多大。

先来看量：从装配率上来看，虽然中控屏占车载面板的比重较大，但由于其渗透率已经达到78%。同时，从2019年不同上市车型的渗透率上来看，燃油、纯电、插混的渗透率分别为80%、82%、92%，已经基本实现全覆盖，未来增长空间有限。而在车载显示屏中，未来具有产品升级驱动、发展空间较大的是全液晶仪表。2018年年初，我国乘用车的全液晶仪表的装配率仅为5.2%，但至2019年年中，装配率就达到了15%，增幅达到近2倍。

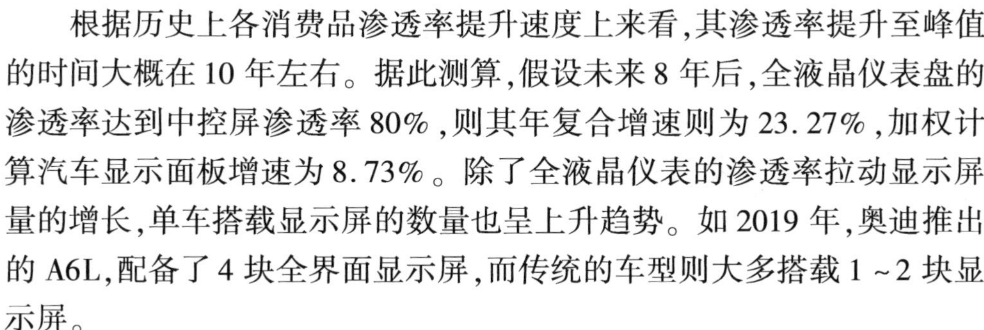

根据历史上各消费品渗透率提升速度上来看，其渗透率提升至峰值的时间大概在10年左右。据此测算，假设未来8年后，全液晶仪表盘的渗透率达到中控屏渗透率80%，则其年复合增速则为23.27%，加权计算汽车显示面板增速为8.73%。除了全液晶仪表的渗透率拉动显示屏量的增长，单车搭载显示屏的数量也呈上升趋势。如2019年，奥迪推出的A6L，配备了4块全界面显示屏，而传统的车型则大多搭载1～2块显示屏。

再来看价：随着功能的升级，车载显示屏的大小也从原本的3～4in小屏幕，发展到目前的10～17in大屏幕。拜腾更是推出了48in仪表盘，中控二合一的超长车内显示屏的M-Byte车型。随着显示屏面积的上升，其价值量也将随之提升。

值得注意的是，除了手机、汽车外，玻璃背板或许还可能应用于其他电子产品中。比如，据中关村在线消息，2020款苹果平板电脑iPad Pro可能会搭载玻璃面板。但由于并未上市，该消息暂时无法确认。但随着无线充电功能、支持5G通信功能的电子产品不断上市，未来也可以实现玻璃用量的增长。

综上，玻璃盖板在汽车显示领域的增长，并非一个新事物，包括中控、全液晶仪表渗透率提升逻辑的加权增速，也与汽车显示行业的整体增速相近（约9%）。未来市场的增长还是主要看手机领域和可穿戴设备的增长（市场规模约为800亿元），因此，此处我们给汽车显示领域的增速为9%。由于玻璃盖板的增长，主要依赖于手机出货量增长，所以，5G手机出货量可以作为高频跟踪指标。截至2020年7月，我国5G手机出货量为7750.8万部，7月当月的出货量为1391.1万部。

看完宏观和行业情况后，我们来看看这条产业链上各节点的竞争格局。

在玻璃背板成本中，上游材料成本占比27%，其中，玻璃基板材料成本占比近一半，中游制造加工费用占比49%。

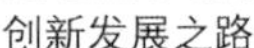

1)原材料玻璃背板的上游

主要包括玻璃基板、油墨、镀膜、抛光等。其中,以玻璃基板为主,占全部原材料的比重达到48%。

从竞争格局上来看,全球玻璃基板市场被国外厂商占据,前三大厂商美国康宁、日本旭硝子、日本电气硝子的市占率,合计达到87.5%。其中,康宁一家的市占率就达到了47.5%。我国厂商主要包括东旭光电、彩虹股份。其中,东旭光电的市占率为8.1%。对比东旭光电和彩虹集团的技术上来看,东旭光电的生产线已经覆盖了G5、G6和G8.5代TFT-LCD液晶玻璃基板产品。而彩虹股份则在2019年将其G6产线升级成G7.5产线,G8.5+产线刚刚投入使用,截至2019年年报披露时,正在试生产。不过需要注意的是,两家公司与国际先进水平有较大的差距,国外龙头的产品已经能够生产G10.5代。

2)中游组装

从竞争格局上来看,集中度为48%,市场比较集中。其中,蓝思科技排名首位,市占率为25%,其次为伯恩光学(23%)。由于伯恩光学并未上市,而欧菲光主要做触摸屏盖板,并非背板。因此,我们主要来看蓝思科技、星星科技。对比客户结构来看,蓝思科技的客户包括苹果、华为、小米、OPPO等主流手机厂商。而星星科技的客户主要为华为、联想、小米等品牌。

从技术上来看,蓝思科技不断协助客户进行新的外观变革,如华为P30的天空之境、iPhone11 Pro的一体化磨砂玻璃,均为蓝思主导设计。同时,其能够保证较小的生产误差,在技术上远超过星星科技。同时,从设计产能上来看,2018年,蓝思科技的涉及产能为5亿片,而星星科技并未披露其产能情况。对比来看,蓝思科技在中游上市公司中具有绝对优势。而与未上市的伯恩光学对比来看,两者大客户均为苹果,且两者的产能相似,技术上也很难分出伯仲。不过,由于蓝思科技已经成为特斯拉全球一级核心供应商,因而在汽车领域的竞争力也较强。2018年,特斯拉在全美各大车企电动车中的销量占比达到53%。2019年,特斯

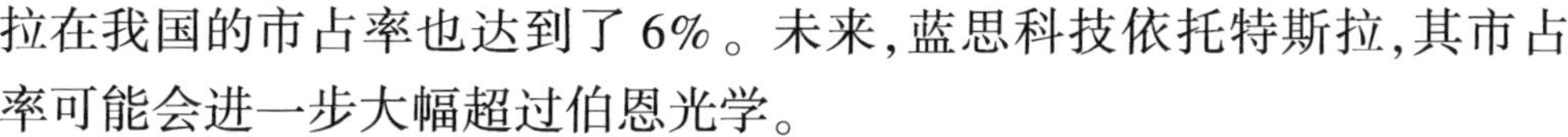

拉在我国的市占率也达到了6%。未来,蓝思科技依托特斯拉,其市占率可能会进一步大幅超过伯恩光学。

综上,在玻璃盖板产业链上,虽然上游玻璃基板为核心赛道,但由于我国与国外技术差距较大,加之我国龙头企业具有一定财务风险,因此,这条产业链研究的重点还是在中游。玻璃基板:LED显示的下一个焦点。LED显示行业最热门的概念莫过于Mini-LED与Micro LED。尤其是7月份利亚德P0.4Micro LED产品的发布,几乎标志着LED显示进入液晶像素密度(Pixels Per Inch,简称PPI)标准时代的开始。LED显示成为能够满足中等屏幕到超大屏幕显示主流需求,产品尺寸线覆盖最长的直接显示技术门类。超微间距LED显示产品的成熟,代表了未来产业的核心方向。但是,在实现间距指标和巨量转移技术进步的同时,另一个关键方向的突破却没有得到应有的重视。这就是超间距时代,LED矩阵基板问题:从PCB到玻璃基板的升级大幕也已经在2020年拉开。

从液晶背光源的新需求上看,Mini-LED固然可以大量用于独立显示产品,但是行业认为液晶背光源才是Mini-LED技术第一个规模市场一方面,新高动态范围图像(High-Dynamic Range,简称HDR)效果标准和Mini-LED几乎是绝配,另一方面更高的PPl必然要求Mini-LED技术的支持,无论是笔记本和PC屏幕的4K化,还是TV产品8K化,或者5G时代虚拟现实和特种显示应用的超高清商用显示需求,液晶显示大中小屏幕的PPI都在越来越高。

而更高的PPI必然对应:一,更低的LCD开口率和更高效的背光亮度要求;二,更精细的细节展示和更精细的背光调节需求;三,高端产品自身的轻薄性需对于液晶这种需要背光系统支持的显示产品。以上三个要求无一不指向一个共同技术,即Mini-LED。

Mini-LED可以提供单位面积上更多的LED发光晶体焊接数量,进而在亮度、可调控精细度上持续升级,更为符合4K/8K超高清和HDR效果的需求。同时,对于超薄的产品设计需求,此前广泛应用的是侧边式背光。但是,侧边式背光无论在任何显示效果指标上看,都是低效果。

选择这种超薄设计,本质是牺牲了画面质量的。Mini-LED 技术,每个LED 颗粒的体积都更小,封装、焊接结构也更小,显然也就更适合于直下式超薄设计。但是,在满足 Mini-LED 背光进一步升级的设计中,Mini-LED 技术带来了更高的热量密集度,对产品散热需求更高。而传统的LED 显示和背光采用 PCB 基板,在散热性能上存在极限,且不能无限超薄化,尤其是面对大尺寸的 LED 单屏或者液晶背光显示时,PCB 超薄化的热变形与 LED 晶体自身,及其集成工艺的微型化形成了空前的矛盾。

因此,为 Mini-LED 寻找新的驱动背板,就成为在散热、稳定性、超薄集成、高密度集成控制等方面保持最优产品技术特性的关键。这时,玻璃基板隆重登场。因为玻璃基板的核心材质与 LED 晶体都是无机半导体结晶,二者在热效应变形系数上更为接近,玻璃自身的超薄化强度和散热能力也更强。同时,实践证明,玻璃基板对巨量转移技术也更为友好。因此,在 Mini-LED 和 Micro LED 上实现玻璃基板应用,就成了一个新方向。行业瞄准玻璃基板,引入新产品近日,国星 Mini COB(COB 是一门新兴的 LED 封装技术)方案正式亮相。据国星光电介绍,Mini CoB 方案具有超大尺寸集成封装、一次光学小(Optical Density,简称 OD)薄型设计、曲面封装等特性,在超多分区显示方面更具技术性和适用性。现阶段该技术主要作为高端液晶显示背光源产品,未来则有望衔接 Micro LED,可直接取代大尺寸 OLED 与 LCD 面板,成为下一代显示主流技术。

同时,Mini COB 作为一种以玻璃为基板的技术方案,已经是第二代产品。早期玻璃基板制程采用传统的贴片工艺,需要借助金属遮罩工艺,不仅成本高且加剧不良率风险。Mini COB 基于新型芯片转移贴片和封装技术,在保持玻璃基板散热性好、成本优、亮度高等优点同时,更具有效率高,一致性好的优点。无独有偶,沃格光电近日亦宣布,针对 Mini LED 工艺流程多、良率低等问题,开发出了一种双面单层加工工艺,应用于陶瓷、玻璃基材等新型 LED 驱动板材料。该工艺通过激光钻孔(50μm)、A 面物理气相沉积(Physical Vapor Deposition,简称 PVD)铜膜沉积、B 面 PVD 铜膜沉积、黄光蚀刻线路，使得双面薄膜电阻小于 0.1Ω，使 Mini LED 工艺路线更简单、良率更高、电阻更低。目前，沃格光电 Mini LED 玻璃基板样品已经通过国内知名面板厂商测试。

在玻璃基板 Mini-LED 上，国内面板巨头走得更快：TCL 华星于 2019 年 8 月就已经发布了其首款采用 TFT-LCD 制程结合非晶硅玻璃基板驱动主动式 Mini-LED 的显示屏产品 MLED 星曜屏。TCL 华星表示，与传统 PCB 基板比较，玻璃基板技术更节能、成本更低，且可达到同样的显示效果。

国内另一家液晶面板大厂京东方计划于 2020 年下半年量产玻璃基 Mini-LED 背光及 Mini-LED 产线产品。2020 年玻璃基板 LED 技术已经不再是一种可行的技术路线研究，而是进入产品化的阶段，距离真正走向市场化只有一步之遥。且在 PC、NB 和 TV 市场，LCD 新型 Mini-LED 背光源并没有 PCB 和玻璃基板之外的更多路线选择。这几乎决定了玻璃基板 LED 产品未来必然规模化成长。玻璃基板技术，改变 LED 与液晶显示的未来。

如果只是将玻璃基板视为 Mini-LED 背光源的一种技术选择，那么就小瞧了这种崭新的技术进步和突破。实际上，玻璃基板 LED 技术恰是改变 LED 显示与 LCD 显示关系的变量。早期，LED 显示着重于超大屏幕，LCD 显示则只集中在 100in 以下市场。二者没有终端产品形态交集，或者说交集有限（液晶拼接大屏上的有限交集竞争）。同时，LED 作为液晶显示的背光源，也获得了很大的市场规模，呈现出上中游产业链上的合作关系。但是，随着 Mini-LED 技术和 Micro LED 的发展，LED 独立显示产品分辨率性能日益提高，在液晶拼接产品上，体现出替代性优势。且随着 Micro LED 进入利亚德最新发布的 p0.4 间距时代，在 50 ~ 100in 的液晶显示主流市场，也呈现出一定的市场替代和特殊需求的竞争优势。

结合 Mini-LED 在高端和 8K 液晶显示上的应用，LED 显示和液晶技术进入中端和中上游产业链全面竞合阶段。而未来，一旦以高 PPI、超低像素间距、高效能超薄设计为中心的玻璃基板 Mini-LED 背光、Micro LED 独立显示屏进入市场化阶段，LED 产品集成将依赖于液晶显示的核心技术——TFT 玻璃基板。LED 与液晶显示的关系将进一步整合，成为你中有我、我中有你的关系。

液晶面板企业、背光企业、整机企业，与 LED 显示屏的中上游企业、终端大屏企业之间的竞争关系也会改变，整个产业的市场结构将从 LED 显示、LED 背光、液晶显示三个板块各自拥有相对独立性，进一步向复杂混态化转变。同时，玻璃基板 LED 技术，也将成为液晶 TFT 玻璃基板的重要消化端口，明显改变该产业上下游供给需求的匹配关系。或者说，玻璃基板 LED 技术，将带来从液晶显示到 LED 显示，从上游到终端的产业链重构，成为 Mini LED/Micro LED 之外，改变显示产业格局的又一个重大创新。玻璃基板 LED 具有更好性能与更低成本，超薄、散热、高密度驱动的优势。这是玻璃基板目前最多被广泛提及的优势。但是，这不是玻璃基板的全部优势。

从 Micro LED 技术角度看，未来的像素间距已经是 P1 之下的，甚至是 P0.5 之下的。同时，Micro LED 晶体颗粒的大小会从 100μm 向 10μm 前进。在这样的趋势下，精细的大面积 PCB 产品制造越来越困难，成本越来越高。虽然，PCB 驱动板在精细度上可以达到电脑中央处理器（Central Processing Unit，简称 CPU）或者内存条等产品的极高水平，但是对于显示应用（无论是独立 LED 大屏，还是 LED 背光源）而言，其最大的特点却是要使用超精细且更大面积的 PCB 板块。

历史上的超精细 PCB 都是高价格产品小板块，Micro LED 等需要的则是具有成本优势的大面积板块。这种需求差异，决定了 PCB 在未来 Micro LED 等技术不断进步下的应用瓶颈。反观玻璃基板工艺，采用半导体、光刻和先进铜工艺，可以在大面积上取得超精细的 TFT 驱动结构。例如，成熟的液晶 10.5 代线玻璃基板尺寸为 3370mm × 2940mm。这么大基板上可以一次性成型像素间距小于 0.3mm 的 TFT 驱动结构。可以说，这样的成熟的、大规模量产的技术，在满足 Mini-LED 和 Micro LED

应用的背板需求时绰绰有余。

同时,进入数十年发展,TFT 玻璃基板的设备、工艺早已经成熟。随着 OLED 的兴起,还有一批二手产品线可以购买,其市场供给能力和规模也远超过超精细 PCB 板。甚至 15 年前已经成熟的 6 代 TFT 玻璃基板都能满足 Micro LED 拼接大屏的结构单元应用尺寸需求。所以,两相对比,玻璃基板 LED 虽然是崭新工艺路线,但是却是一个上游高度成熟的产品至少比 PCB 板在超精细、超大板卡上更为成熟,且具有规模成本与工艺成本优势。如果应用巨量转移技术,玻璃基板的友好性也更高 PCB 的平整度对于 50μm 以下的 Micro LED 转移,将是一个比较大的瓶颈,玻璃基板则没有这个问题。

据媒体报道,此前 Sony(索尼)小于 30um 的 LED 晶粒尺寸移至 PCB 板的过程中,必须要先转移至一个暂时的基板,才能再次转移至 PCB 板上。综上所述,玻璃基板 LED 将很可能是 Mini-LED 和 Micro LED 技术继续进步的绝配:超微 LED 晶体、COB 和倒装、巨量转移、玻璃基板的 TFT 等有望组成下一代 LED 独立显示屏和新一代液晶显示背光产品,为显示产业的极限性能带来突破。

第五节　液晶玻璃基板市场和技术现状

一、液晶玻璃基板市场现状

目前,全球的液晶面板产业逐步向中国大陆聚集,这里孕育着重大的突破和变革。

大尺寸化、轻薄化液晶面板是今后基板玻璃市场需求的亮点,应重视发展浮法成形生产高世代基板玻璃工艺开发。开发浮法生产 TFT-LCD 用基板玻璃设备与技术有:具有高效熔化功能,耐侵蚀,使用寿命长特点的新型窑炉,无碱高铝玻璃液澄清及均化技术,超薄玻璃成形、退火与无尘封装运输技术以及智能生产技术。开发这些新型技术,既可应用于传统浮法玻璃生产，又有利于传统浮法玻璃更加节能环保和转型升级。

玻璃基板成本占液晶面板成本的17%，是平板材料的昂贵的一种，运输成本包，生产量会影响5代线以上彩色滤光片等零部件的产量，是面板生产中的关键一环。

在全球市场中超99%市场份额的TFT-LCD玻璃面板主要集中在日本旭硝子及美国康宁等几个大品牌厂商，其中欧洲有几家生产公司，大部分是与日本厂商合作，份额不足1%。5代线和6代线玻璃基板能供应的产商只有康宁和旭硝子，其中，美国康宁占全球市场份额超50%。有数据显示，2018年全球玻璃基板需求量约为56.1亿m^2，同比增长超5.5%。中国光学光电子行业协会液晶分会资料显示，而我国2018年玻璃基板市场需求量2.6亿m^2，其中，8.5代玻璃基板需求量达2.33亿m^2，国产市场供给TFT-LCD玻璃基板年均不足4000万m^2，并且均为6代线及以下。到2020年我国TFT-LCD玻璃基板对8.5代及以上需求量超3亿m^2，占全球整体需求量49.6%，未来市场发展潜力巨大。

二、液晶玻璃基板技术现状

1.液晶玻璃基板

目前在商业上应用的玻璃基板，其主要厚度为0.7mm及0.5mm，且即将迈入更薄(如0.4mm)厚度之制程。基本上，一片TFT-LCD面板需使用到二片玻璃基板，分别供作底层玻璃基板及彩色滤光片(Color Filter)之底板使用。一般玻璃基板制造供货商对于液晶面板组装厂及其彩色滤光片加工制造厂之玻璃基板供应量之比例为1:1.1~1:1.3。LCD所用之玻璃基板概可分为碱玻璃及无碱玻璃两大类。碱玻璃包括钠玻璃及中性硅酸硼玻璃两种，多应用于TN及STN LCD上，主要生产厂商有日本板硝子(NHT)、旭硝子(Asahi)及中央硝子(Central Glass)等，以浮式法制程生产为主；无碱玻璃则以无碱硅酸铝玻璃(Alumino Silicate Glass，主成分为SiO_2)、Al_2O_3、B_2O_3及BaO等，其碱金属总含量在1%以下,主要用于TFT-LCD上,代表厂商为美国康宁(Corning)公司,以溢流熔融法制程生产为主。

能够提供大尺寸上影液晶屏幕玻璃基板的厂商只有美国康宁、日本旭硝子等四家,其中美国康宁占据51%的市场,日本旭硝子占据28%的份额,而能够为5代以上生产线提供配套的也只有这两家。虽然玻璃基板只占TFT-LCD产品成本的6%~7%,但技术上的寡头垄断让玻璃基板产品成为TFT-LCD上游材料占据主导的零配产品。国内彩虹、东旭等自主研发的TFT-LCD玻璃项目应该得到支持与鼓励。

超薄平板玻璃基材之特性主要取决于玻璃的组成,而玻璃的组成则影响玻璃的热膨胀、黏度(应变、退火、转化、软化和工作点)、耐化学性、光学穿透吸收及在各种频率与温度下的电气特性,产品质量除深受材料组成影响外,也取决于生产制程。

玻璃基板在TN/STN、TFT-LCD应用上,要求的特性有表面特性、耐热性、耐药品性及碱金属含量等;以下仅就影响TFT-LCD用玻璃基板之主要物理特性说明如下:

张力点:为玻璃密积化的一种指标,须耐光电产品液晶显示器生产制程之高温。

相对密度:对TFT-LCD而言,笔记型计算机为目前最大的市场。因此该玻璃基板相对密度越小越好,以便于运送及携带。

热膨胀系数:该系数决定玻璃材质因温度变化造成外观尺寸之膨胀或收缩的比例,其系数越低越好,以使大屏幕之热胀冷缩减至最低。

其余有关物理特性的指标尚有熔点、软化点、耐化学性、机械强度、光学性质及电气特性等,皆可依使用者的特定需求而加以规范。

整个玻璃基板的制程中,主要技术包括进料、薄板成型及后段加工三部分,其中进料技术主要受制于配方的好坏。首先是在高温的熔炉中将玻璃原料熔融成低黏度且均匀的玻璃熔体,不但要考虑玻璃各项物理与化学特性,而且要在不改变化学组成的条件下,选取原料最佳配方,以便有效降低玻璃熔融温度,使玻璃澄清,同时达到玻璃特定性能,符合实

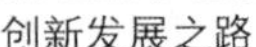

际应用之需求。而薄板成型技术则关系着尺寸精度、表面性质和是否需进一步加工研磨，以达成特殊的物理、化学特性要求，后段加工则包含玻璃之分割、研磨、洗净及热处理等制程。

到目前为止，生产平面显示器用玻璃基板有三种主要制程技术，分别为浮式法（Float Technology）、流孔下引法（Slot Down Draw）及溢流熔融法（Overflow Fusion Technology）。"浮式法"因系水平引申的关系，表面会产生伤痕及凹凸，需再经表面研磨加工，故投资金额较高，唯其具有可生产较宽的玻璃产品（宽幅可达2.5m）且产能较大（约达10万m^2/月）的优点；"溢流熔融法"有表面特性较能控制、不用研磨、制程较简单等优点，特别适用于产制厚度小于2mm的超薄平板玻璃，但生产之玻璃宽幅受限于1.5m以下，产能较小。浮式法可以生产适用于各种平面显示器使用之玻璃基板，而溢流熔融法目前则仅应用于生产TFT-LCD玻璃基板。

以下仅就上述三种制程技术分别说明如下。

1）浮式法。

该法为目前最著名的平板玻璃制造技术，系将熔炉中熔融之玻璃膏输送至液态锡床，因黏度较低，可利用挡板或拉杆来控制玻璃的厚度，随着流过锡床距离的增加，玻璃膏便渐渐的固化成平板玻璃，再利用导轮将固化后的玻璃平板引出，再经退火、切割等后段加工程序而成。

以浮式法生产超薄平板玻璃时应控制较低之玻璃膏进料量，先将进入锡床的玻璃带（Ribbon）冷却至700℃左右，此时玻璃带的黏度约为10.8Pa·s，再利用边缘滚轮拉住浮于液态锡上的玻璃膏，并向外展拉后，再将玻璃带加热到850℃，配合输送带滚轮施加外力拉引而成。

浮式法技术系采用水平引出的方式，因此比较容易利用拉长水平方向的生产线来达到退火的要求。浮式法技术未能广泛应用于生产厚度小于2mm超薄平板玻璃的主要原因是其无法达到所要求的经济规模。举例来说，浮式法技术的一日产量几乎可以满足目前中国台湾地区市场之月消耗量。如果用浮式法技术生产超薄平板玻璃，一般多系以非连续

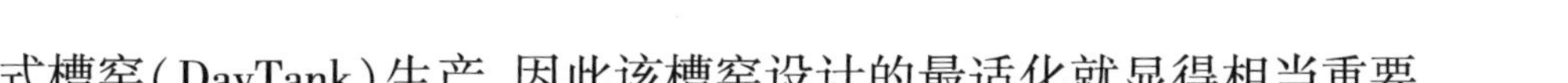
式槽窑(DayTank)生产,因此该槽窑设计的最适化就显得相当重要。

2)流孔下引法。

就平面显示器所需的特殊超薄平板玻璃而言,有不少厂商是使用流孔下引法技术生产。该法系以低黏度的均质玻璃膏导入铂合金所制成的流孔漏板(Slot Bushing)槽中,利用重力和下拉的力量及模具开孔的大小来控制玻璃之厚度,其中温度和流孔开孔大小共同决定玻璃产量,而流孔开孔大小和下引速度则共同决定玻璃厚度,温度分布则决定玻璃之翘曲。

流孔下引法制程每日能生产5~20t、厚度0.03~1.1mm的超薄平板玻璃,因铂金属无法承受较高的机械应力,因此一般大多采用铂合金所制成的模具,不过因其在承受外力时流孔常会变形,导致厚度不均匀及表面平坦度无法符合规格需求。

再者流孔下引法必须要在垂直的方向上进行退火,如果将其转向水平方向则可能会增加玻璃表面与滚轮的接触及因水平输送所产生的翘曲,导致不良率大增。这样的顾虑使得熔炉的建造必须采用挑高的设计,同时必须精确地考虑退火所需要的高度,使得工程的难度大幅增加,同时也反映在建厂成本上。

3)溢流熔融法。

系采用一长条形的熔融帮浦(Fusion Pump),将熔融的玻璃膏输送到该熔融帮浦的中心,再利用溢流的方式,将两股向外溢流的玻璃膏于该帮浦的下方处再结合成超薄平板玻璃。

利用这种成型技术同样需要借重模具,因而熔融帮浦模具也面临因受机械应力变形、维持熔融帮浦水平度及如何将熔融玻璃膏稳定打入熔融帮浦中的问题。因为利用溢流熔融法的成型技术所做成的超平板玻璃,其厚度与玻璃表面的质量取决于输送到熔融帮浦的玻璃膏量、稳定度、水平度、帮浦的表面性质及玻璃的引出量。

熔融溢流技术可以产出具有双原始玻璃表面的超薄玻璃基材,相较于浮式法(仅能产出的单原始玻璃表面)及流孔下拉法(无法产出原始玻璃表面),可免除研磨或抛光等后加工制程,同时在平面显示器制造过程中,也不需注意因同时具有原始及与液态锡有接触的不同玻璃表面,或和研磨介质有所接触而造成玻璃表面性质差异等,已成为超薄平板玻璃成型之主流。三种玻璃基板制程技术的对照见表3-8。

三种玻璃基板制程技术的对照 表3-8

项目	浮式技术	流孔下引技术	溢流熔融技术
成分	钠钙硅玻璃	钠钙硅玻璃/钡硼硅低碱	钡硼硅低碱玻璃
		铝硅酸盐无碱玻璃	玻璃/铝硅酸盐无碱玻璃
熔炉建造所需空间	占地广阔	所需面积较小,但需挑高	所需面积较小,但需挑高
投资金额	大	中间	大
建造时间(月)	18~24	15~18	15~18
拉出的方向	水平	垂直向下	垂直向下
成型的介质	液态锡	铂铑合金流孔漏板	可供溢流的熔融帮浦
成型之原理	利用液态锡与玻璃膏密度之差异	重力	重力
厚度控制	熔炉的引出量、导杆施力的大小和水平方向玻璃平板的拉出速率	熔炉的引出量、流孔开口的大小和下拉的速率	玻璃膏的溢流量和下拉的速率
厚度范围(mm)	0.5~25	0.03~1.1	0.5~2.5
面积大小	大面积	中小面积	中大面积
后续再加工之可能性(研磨或抛光)	居中	最高	最低
代表企业	Asahi	NEG	Corning、NHT

玻璃基板发展尺寸逐渐变大,起初4代线到现代的10.5代线,发展

的尺寸已经发展到 2940mm × 3370mm,厚度到 0.5mm,进入 7 代线与 8 代线玻璃基板水平。

显示产品按尺寸划分:一般认为:低世代为 6 代线及以下,高世代为 8.5 代线及以上,8.5 代线较大屏幕 55in 可切割 6 块。

目前,国内液晶电视大尺寸需要 8.5 代 TFT-LCD 玻璃基板基本全部依赖国外技术产品。TFT 玻璃基板生产技术有难度,工艺复杂,设备技术要求高,尤其是高世代 TFT 玻璃基板核心技术被国外品牌垄断。

近年来,国内加大对高世代玻璃基板产业线投资。2019 年 6 月,我国首个 8.5 代 TFT-LCD 玻璃基板由凯德集团旗下全资子公司蚌埠玻璃工业设计研究院生产线点火。这意味着我国首次实现 8.5 代 TFT-LCD 超薄浮法玻璃基板国产化,打破国外垄断。

随着玻璃基板尺寸发展得越来越大,对于玻璃基板大尺寸运输成本的增长,促使玻璃基板产能开始向全球分散。目前,我国在全球市场中笔记本电脑及电视机、台式电脑、手机等产品占比较大的生产基地,也是国际消费主要市场之一,对平板显示面板市场需求量大。全球玻璃基板市场需求量如图 3-9 所示。

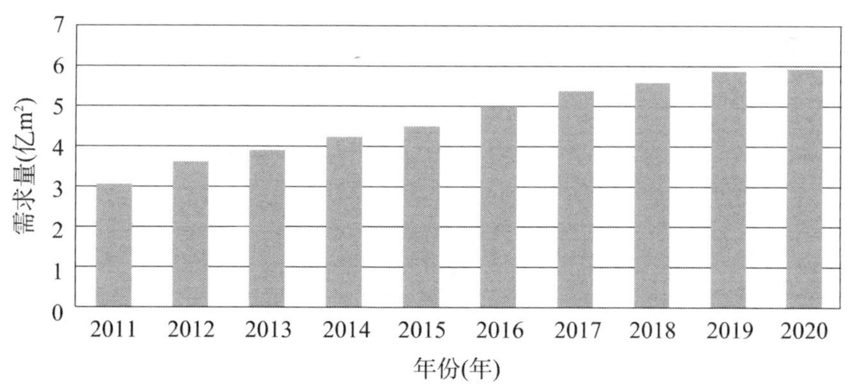

图 3-9　全球玻璃基板市场需求量

2. 液晶面板 TN 的和 TFT 的区别

(1)物理结构不同。液晶面板 TN 是扭曲向列型,液晶面板 TFT 是薄膜晶体管型。

(2)内部构造不同。液晶面板 TN 包括两层由玻璃基板、ITO 膜、配向膜、偏光板等制成的夹板,上下夹层中是液晶分子,在接近上部夹层的液晶分子按照上部沟槽的方向来排列,而下部夹层的液晶分子按照下部沟槽的方向排列。整体看起来,液晶分子的排列像扭转螺旋形。

液晶面板 TFT 组成更复杂一些,它主要是由荧光管、导光板、偏光板、滤光板、玻璃基板、配向膜、液晶材料、薄膜式晶体管等构成。TFT-LCD 的面板构造如图 3-10 所示。

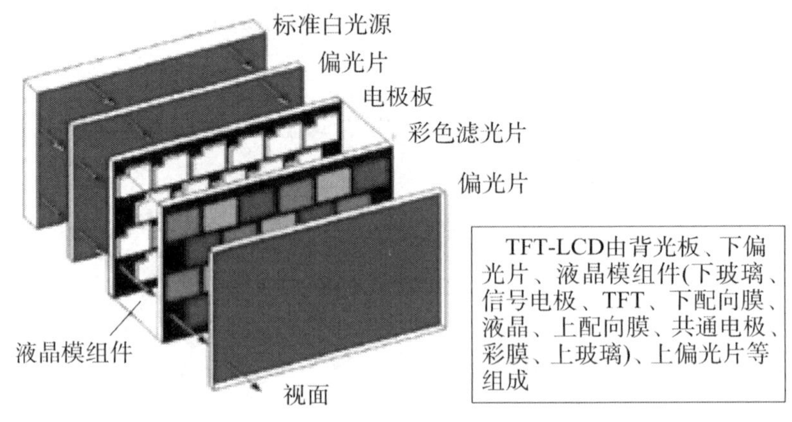

图 3-10　TFT-LCD 的面板构造

(3)可视角度不同。液晶面板 TN 比液晶面板 TFT 可视角度相对偏小。

(4)色彩不同。液晶面板 TN 不能表现 16.7M 色,所带来的色彩不真实。液晶面板 TFT 可以单独控制一个像素点,因此可以将对比度提升至很高,灰度实现也更加容易,结果就是可以轻易实现更鲜艳的色彩。

(5)响应答速度不同。液晶面板 TN 比液晶面板 TFT 响应速度快。

第四章

行业发展展望及预测

第一节　显示行业和玻璃基板发展趋势综述

玻璃基板行业是液晶显示面板上游的核心原材料器件，属于技术密集型和资本密集型行业，制作工艺复杂，技术门槛高，核心技术只被少数国家掌握，目前全球基板的主要供应商为美国和日本等企业。为提高我国新兴产业国际竞争力，我国将玻璃基板等面板产业作为国家长期重点扶持的战略新兴产业。与国外企业相比，国内企业由于进入行业时间较短，企业规模较小，技术与资本的沉淀都不够，在高世代平板显示玻璃基板的研发和生产上仍存在一定的差距，无法满足国内面板企业升级到高世代面板的配套需求，需要进一步加大在技术研发方面的投入。

2020 年第三季度液晶电视面板需求持续强劲，而供应产能却有限。面板厂商在 2020 年 7 月成功上调面板价格，电视品牌纷纷接受面板价格上涨的事实。这一成功尝试引发面板厂商在 8 月继续提高面板价格。因此，2020 年 8 月液晶电视面板价格继续上涨，月环比上涨 8% ~10%，面板尺寸覆盖了 32in、32in、43in、50in 和 55in 这些液晶电视面板的热门尺寸。大尺寸液晶面板也出现上涨趋势，但是涨幅略低于中小尺寸，如 65in 液晶电视面板的涨价幅度为 4% ~5%。未来，面板厂将会把更多的产能转移到 IT 面板的生产，而非电视面板。市场研究公司 Omdia 预计，进入 2021 年，每月大约有 12 万片的 8.5 代产能从电视面板转至其他 IT 产品供应。

在大环境下，显示技术进入了一个量产大规模化的阶段，强有力地

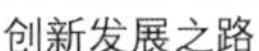

推动了 OLED 显示技术的产业化进程。十年间,OLED 显示技术发展迅速,并取得了不小的成就,一时之间风靡全球。在这样的趋势下,韩国三星和 LG 这样的领军集团率先将核心转向对 OLED 显示技术的研发。在不久的将来,OLED 显示技术将迎来更进一步的突破。

随着 LCD/OLED 显示产业的发展,大型、高清、超薄及柔性成为重要发展方向,这对玻璃基板提出 LTPS 制程工艺要求。目前,无碱铝硼硅玻璃依然是较佳的玻璃体系,对于不同超薄成形工艺而言,玻璃组成设计思路应各自有所侧重,除了满足玻璃基板的常规理化性能外,还需重点关注高表面质量和低热收缩率。再热收缩率与玻璃结构及热历史密切相关,除了在玻璃组成和结构给予重视外,还应关注玻璃初次成形的热处理工艺,必要时还需采取二次热处理和加工。基于 LTPS 制程玻璃基板开发存在很大难度,面临理化性能与工艺性能之间的巨大矛盾,很难协调一致,合理规避知识产权壁垒和突破技术障碍,需要进行玻璃体系创新和玻璃结构理论探究。

显示面板作为新一代信息技术的重要组成部分,近年来技术进步加速,显示面板行业也迎来了大发展的机遇,特别是高世代面板发展迅速。由于玻璃基板具有的物理化学性质,其在面板上的应用仍具有不可替代性,这一行业将会长期存在。因此,无论是作为玻璃基板,还是作为载板玻璃,从制造过程、质量管控的理念上看,高世代和中小世代玻璃基板是相通的。但随着科学技术的不断发展,作为新型显示技术的 OLED 在短短几年内已经得到了全方位的提升,OLED 显示技术以其独特的特性和持续地改进优化,最终会取代 LCD 在中小型屏幕领域的应用,成为当下应用最广泛的技术。

第二节　市场主流及概念屏幕

2021 年作为“十四五”规划的开局之年,国家着重于高新技术产业的布局,随着经济的持续发展,科技的不断进步,人们对于美好生活的追

求也在发生着变化，消费者对生活品质的要求也在不断提升。玻璃基板作为显示的核心配件，无论是 OLED、TFT，还是 LTPS，都离不开对它的需求。近年来全球玻璃市场一直保持平稳增长的态势，国内企业在玻璃基板制造方面的技术也在不断突破。

一、市场主流——OLED 技术优势

OLED 技术逐渐成为下游显示的流行趋势。OLED 行业发展已经引起国家层面的重视，获得国家的大力支持，进一步促进 OLED 产业规范发展，通过政策引导、完善来抑制行业内的过度投资、过度竞争，努力促进整个产业持续健康的发展。随着利好政策的持续出台，推动着中国 OLED 产业的快速发展。目前，我国 OLED 行业正处于高速发展时期，2016 年以来，我国已有部分领先厂商在 OLED 产业领域进行布局。

目前液晶显示器日益普及，已取代传统的 CRT 显示器，采用的 TFT-LCD 技术也已日益成熟。长期困扰液晶平板显示器的三大难题：视角、色饱和度、亮度已得到一定解决。随着人民生活水平的提高，人们对显示器性能的要求也在日益提高，对广视角、色饱和度和亮度等方面性能需要进一步提高。另外，对反应时间、轻薄化、软性化及能耗等方面应用提出了新的需求，OLED 显示技术与传统的 TFT-LCD 显示方式不同，无须背光灯，采用非常薄的有机材料涂层和玻璃基板。当有电流通过时，这些有机材料就会发光，而且 OLED 显示屏幕可以做得更轻更薄，可视角度更大，并且能够显着节省电能。OLED 具有全固态、主动发光、高对比度、超薄、低功耗、无视角限制、响应速度快、工作范围宽、易于实现柔性显示和 3D 显示等诸多优点，将成为未来 20 年最具“钱景”的新型显示技术。

OLED 是新一代的显示技术，是目前所有显示技术中，唯一可制作大尺寸、高亮度、高分辨率软屏的显示技术。相比上两代显示技术（CRT、LCD），OLED 显示面板真正拥有了“未来科技”材料的轻、薄、快响应、透明显示、柔性可折叠的特点。其构造特殊，无须繁重真空器件和

额外屏幕背光源、液晶相，只须将发光材料蒸镀到纤薄的 ITO 玻璃板上，通电即可发光显色。同时，OLED 具有更广的色域、更大的视角、更宽的工作温度区间且更低的功耗。此外，OLED 下游终端市场应用广泛，近年更是快速发展，涉及智能手机、电视、VR、车载、可穿戴设备、照明等领域。因此，不管是其出色的显示优势，还是应用前景，都表明未来十年的显示市场有望成为 OLED 主导的时代。

OLED 是继 CRT 之后的第三代显示技术，具有材质薄、色彩丰富、低能耗、平面发光等特点。与目前应用性较广的 LCD 相比，OLED 在多个主要技术性能上都有较大提高。LCD 与 OLED 性能对比见表 4-1。

LCD 与 OLED 性能对比 表 4-1

项　　目	LCD	OLED
发光亮度	相对较低	较高，超过平板显示器中的 OLED
对比度	较低	较高
色彩	稍差，颜色情况复杂	更明亮、更鲜明
显示核心性能	较厚，厚度约为 OLED 的三倍，环境适应性较差	薄，厚度小于 1mm，环境适应性较好
响应速度	较慢	较快，是 LCD 的 1000 倍
功耗	较高	较低

二、OLED 市场预测和市场需求

智研咨询发布的《2020—2026 年中国 OLED 面板行业市场专项调研及投资前景分析报告》数据显示，OLED 的发现要追溯到 1963 年，Pope 发现了单晶蒽的电致发光特性，但真正意义上的 OLED 是在 1979 年由邓青云教授发现的。随着 OLED 技术的不断改进，OLED 发光特性也从荧光发射、磷光发射逐渐过渡到热激发延迟荧光(Thermally Activated Delayed Fluorescence，简称 TADF)发射。随着 2010 年三星开始发售 GalaxyS 系列手机，OLED 商业应用化趋势也愈发明显。2017 年苹果 iPhoneX 开始采用 OLED 屏幕，2018 年柔宇科技推出了世界第一款具有

7.8inOLED 面板的可折叠智能手机。2019 年三星、华为、摩托罗拉也相继推出可折叠手机，小米亦发布了一款 OLED 环绕屏手机，未来柔性、可折叠 OLED 屏幕或将引领显示技术的潮流。OLED 技术逐渐成熟，资本逐渐进入，市场规模将进一步扩大，OLED 产业正迈入高速增长期，预计 2022 年市场空间超 500 亿美元。2014 ~ 2019 年中国 OLED 产值及增速如图 4-1 所示。2018 ~ 2025 年全球 OLED 产值及增速如图 4-2 所示。

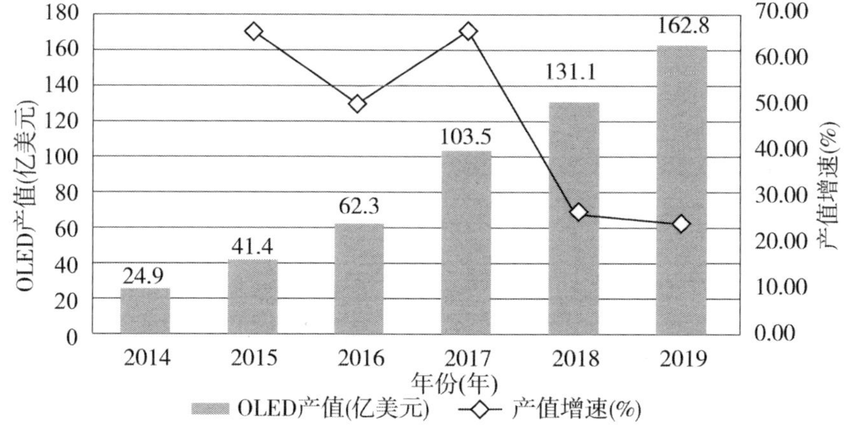

图 4-1　2014 ~ 2019 年中国 OLED 产值及增速

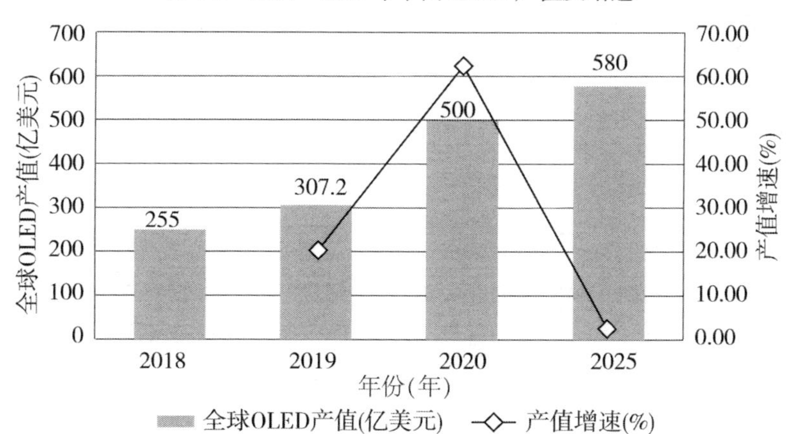

图 4-2　2018 ~ 2025 年全球 OLED 产值及增速

随着 OLED 技术的不断成熟，成本持续下降，应用场景不断拓展，OLED 的市场需求不断攀升，预计 2022 年有望达到 47000 万片。

OLED 显示技术依驱动方式不同,分为无源驱动 OLED(PMOLED)和有源驱动 OLED(AMOLED)两种。我国现有的生产线大多为 PMOLED,只能做成 4in 以下的小尺寸 OLED 面板。与之相比,AMOLED 具有更多的优势,如采用 TFT 基板作为显示基板,理论上可以做任意大的彩色 OLED 面板,并且可以实现 OLED 电视超薄显示和柔性显示等。作为一种新的显示技术,OLED 面板在中小尺寸已经商业化并成为主流技术,如图 4-3 所示。

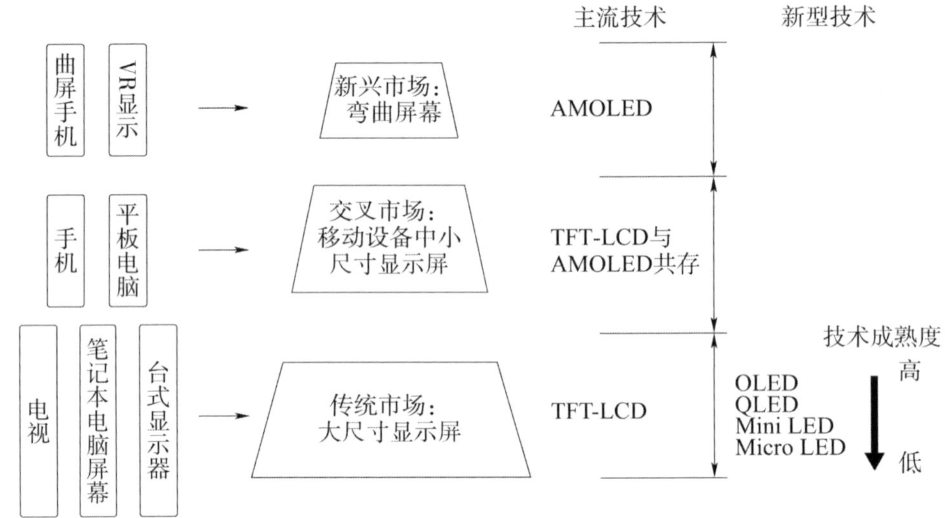

图 4-3 OLED 面板在中小尺寸已经商业化并成为主流技术

此前,华为高端机型 Mate20pro 采用的是柔性 OLED 屏幕,供应商主要是京东方和 LG 旗下的显示器公司 LGD,京东方 OLED 得到市场高度认可,同时打破了韩国企业在柔性 OLED 面板市场的垄断格局。华为、小米推出的折叠屏手机采用的同样是京东方的柔性 OLED 面板。随着折叠屏手机的陆续面世,手机厂商之间的争夺和占位越来越激烈,柔性 OLED 屏行业也迎来了发展良机。

随着中国 OLED 屏技术的不断成熟,国内面板企业产能进入密集投产期,折叠屏手机呼之欲出,对 OLED 的需求高速增长,国内 OLED 市场迎来发展机遇。2019 年以来,多家公司发布折叠屏产品,未来折叠屏有

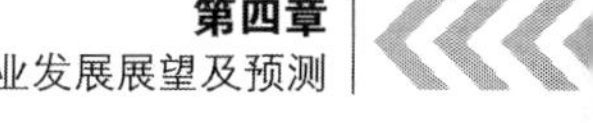

望成为市场主旋律，推动OLED市场加速发展。折叠屏手机相继发布情况见表4-2。

折叠屏手机相继发布情况　　表4-2

时　间	事　件
2018年11月6日	中国柔性面板企业柔宇科技，发布了全球首款可折叠手机——柔派
2019年1月21日	OPPO对外发布巴塞罗那2019MWC大会邀请函，其纸质邀请函采用折叠式设计、宣传视频中的折叠元素，被外界视为可折叠手机产品的抢先预告
2019年1月23日	小米总裁林斌在微博上发布段视频，展示了小米的折叠屏工程样机
2019年1月24日	余承东透露将在2月24日巴塞罗那2019MWC大会上发布华为首款折叠屏旗舰手机
2019年2月19日	世界知识产权组织(WIPO)展示了苹果公司一项新专利，该专利用于Apple Watch，利用柔性屏幕让手表的表盘和表带都可以作为显示屏
2019年2月21日	三星在美国旧金山举办新品发布会，正式发布了其首款折叠屏手机——Galaxy Fold。这是全球第二款折叠屏手机，同时也是市面上在设计与交互上完成度最高的一款折叠屏手机

三、主流概念屏幕——市场需求推动OLED技术发展

OLED已成为新型显示发展的主要驱动力，创新则是OLED发展的重要手段。OLED在手机上的渗透率正逐步提高，目前高端智能手机均搭载OLED屏幕，除了其出色的显示效果外，还有一个更关键的因素，是OLED屏幕可以集成屏下指纹、屏下摄像头等技术。卓越的集成特性正在促进全面屏形态不断迭代，各种类型和形态的折叠手机、腕表手机陆续问世，同时也带动起市场的全面创新热情。智能手机显示市场正逐步迎接全面屏和异形屏等创新趋势，随着5G商用的推进和柔性显示等新技术发展，将为OLED面板引爆新商机。

在异形屏方面，目前智能终端对OLED的使用尚未较多体现出其柔性优势，市面上很多OLED手机仍是直板形状，部分机型仅限于在屏幕

侧边进行弯曲呈现,而万众期待的折叠手机虽然目前仅三星推出了极少的产量,但在各家面板公司以及供应链公司的坚持追求下,相信将会有较大改观。

另一方面,OLED 在曲面屏产品方面的发展愈加成熟,无论是华为 P30pro 还是努比亚 α,以及各种曲面屏智能手表,市场出货数量都在稳步提升。当然,柔性屏在高端车、新能源车等车载显示领域,智能头盔、智能眼镜等虚拟现实的产业化进程也在稳步推进,创新频出会驱动 OLED 进一步发展。

近年来 OLED 技术逐渐成为下游显示的流行趋势。2017 年,苹果发布的 iPhoneX 采用了 OLED 显示屏,这给整个智能手机板块带来较大的示范效应。而随后 LG、三星、华为、OPPO、TCL 等国内外电子厂商在 2017 年加紧布局 OLED 相关产业。除此之外,我们认为 OLED 在电视、汽车、航天、贴合人体的可穿戴设备以及工业应用等方面依然有较大的增长潜力。根据中国产业信息网的数据,2020 年我国 OLED 的产值规模达到 330.58 亿美元,到 2022 年进一步达到 584.46 亿美元,2018 ~ 2022 年复合增速有望达到 41% 。

实现屏幕的可折叠性,需要屏幕采用更加柔软、密封性及耐久性更佳的材料,OLED 面板技术的出现,提供了绝佳的解决方案。OLED 具有超薄、自发光、有机材质、平面结构、低温制造工序,并且能够与塑料基板相兼容等优良特征,使柔性 OLED 的制造成为可能。而传统显示器通常采用玻璃等硬质材料进行封装,该工艺拥有着密封性、稳定性较好等优点。但是由于材料本身的特性,屏幕是无法实现变形和折叠的。OLED 技术采用薄膜封装(Thin Film Encapsulation,简称 TFE)技术,在实现良好的密封性的同时,有效提高了屏幕的柔性和弯折性,为可折叠平提供了技术可行性。

手机采用 OLED 面板技术相比于 LCD 屏有主要有以下优势:

第一,性能优势。相对于传统屏幕技术,OLED 屏在性能参数上有着显著的优势;OLED 屏和 LCD 屏性能指标对比如图 4-4 所示。

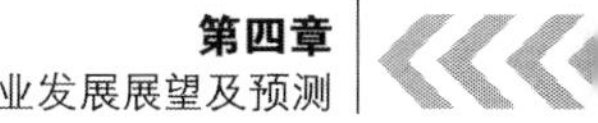

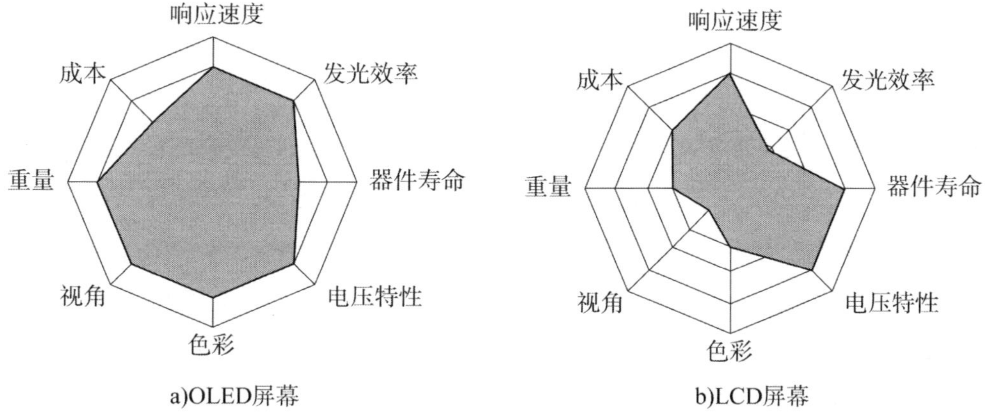

图 4-4 OLED 屏和 LCD 屏性能指标对比

第二,视觉体验更好。曲面产品本身具有的技术优势,能够为消费者带来的视觉感受。曲面显示器凭借着面板自带的弧度,无论是在美观度上还是提升用户视觉体验上都比较明显。从视觉角度来看,曲面显示器能够给用户带来比普通显示器更好的视觉开阔感,减少了视觉失真,尽量保证了曲面屏幕的每一点到人眼距离均等。

第三,未来成本有望更低。随着技术的进一步升级和生产工艺的成熟,OLED 可以通过喷墨打印工艺以及丝网印刷工艺集成于任何合适的基板之上,使得 OLED 比 LCD 或等离子显示器便宜,通过工厂化的大规模生产,OLED 技术将更多且更有效地应用于各类显示器件。

近些年,一众手机厂商为了在创新上有所突破,纷纷在外观上动起了脑筋,折叠屏手机似乎有称为下一个热点的潜质,目前一些头部大厂都在向这方面发力,三星由于有先天优势,发布的折叠屏手机也最受用户欢迎。

此外,透明屏手机概念也被曝了出来,但想法过于超前,相关产品肯定没那么快出现,而卷轴屏手机实现起来的可能性更大。除了三星,OPPO 在这方面也可能会走在前头。

在 OPPO 未来科技大会 2020 上,OPPO 正式发布“卷轴屏”概念机,这款概念新品再一次颠覆了人们对于智能手机外观形态的固有概念。

OPPO ×2021 卷轴屏概念机最大的特点在于,可以将屏幕像画卷一样伸展开来。用户可以根据实际的需求,随意调整屏幕尺寸。它的尺寸是可变的,最大尺寸是 7.4in,最小尺寸是 6.7in。

为了让卷轴屏平整,且在展开时不会发生凹陷,OPPO 创新性地设计了 2-in-1Plate 零段差屏幕支撑托板,在机身内部设计左右两块像梳子一样的托板,在任何形态下都能有效地支撑屏幕。当屏幕合起时,两块托板可以无缝拼接成一个平面。而当屏幕展开时,其中一侧的托板会同步滑出,左右托板零段差支撑展开的屏幕,以保持屏幕平滑。

相比固定屏幕尺寸的折叠屏,OPPO ×2021 卷轴屏可在最小和最大尺寸之间实现无级调节,为生产力、娱乐、日常使用等多方面带来了更多可能。例如,在播放视频时,手机可根据 16:9 或者 4:3 甚至是其他比例自动调节到最佳尺寸,用户每时每刻都可拥有全屏观影的体验。在阅读电子书或编辑文档时,可以以更大的尺寸提供良好的阅读体验。在游戏时出现的消息弹窗也可以在完全不影响游戏画面的同时呈现完整的消息。

在 OPPO ×2021 卷轴概念机中,OPPO 共布局了 122 项专利,其中卷轴结构的相关核心专利 12 项。

折叠屏手机登上历史舞台,柔宇、三星、华为、摩托罗拉等先后量产商用折叠屏手机,小米、OPPO 也展示了自家的折叠屏样机。

相较于折叠屏手机传统的两段式设计,国内手机厂商 OPPO 似乎有自己的创意。OPPO 联合日本设计团队 Nendo(佐藤设计室)推出了一款名为 Slide-phone 的三铰链折叠手机。从外观上看,该机形状和银行卡类似,采用 3 个铰链连接的 4 段机身组成,屏幕完全展开为 7in,默认翻盖对折造型,并内置手写笔。在第一阶段展开手机将会露出 40mm 屏幕,用于显示信息或接打电话,第二阶段则会展示出 80mm 屏幕,镜头部分上移,可用来拍照、视频。而最后一个阶段,手机将完全展开,形成一个尺寸为 7in 的屏幕,三块屏幕可同时显示不同应用信息。不过,目前该手机仍处于概念状态,什么时候量产仍是未知数。但这款概念手机超高

的屏占比,可自定义需求来使用屏幕等功能,或成为未来折叠屏发展的主要趋势。曾经的翻盖手机未来或以折叠屏的方式,重回我们的生活。

2019年9月24日,小米在北京小米科技园举办了新品发布会,在本次发布会中,小米推出了小米9Pro5G版以及全新的概念设计机型小米MIXAlpha,小米9Pro5G版在9月27日正式发售,小米MIXAlpha在12月上市发售。小米MIXAlpha概念机环幕屏设计惊艳,小米MIXAlpha是代表未来形态的概念型手机。它从正面到侧面到背面,全部都是屏幕,完全没有任何边框。如果算屏占比的话,其有着高达180.6%的屏占比。小米方面称这种设计为环绕屏,拿在手中就好像科幻电影中的宇宙魔方一般。

环绕屏的设计,其实可以看做双折叠的屏幕,小米方面在这里运用了分层环绕贴合技术,在真空环境下完成360°贴合,对手机屏幕形成了很全面的保护。手机设计上,去掉了手机听筒,采用新的屏幕发声技术,通过屏幕发射超声波来感应距离。在屏幕的驱动芯片放在了屏幕侧边。在屏幕两侧提供了压感支持,用以模拟物理按键。对于前置摄像头的解决上,由于环绕屏的特色,直接反转手机,将后置摄像头直接当做自拍镜头即可,这样还可以获得主摄出色的拍照能力。MIUI11对于环绕屏的使用也有着很大的帮助,它充分运用了屏幕侧边空间,比如各种提升信息都放在了侧边,在游戏中也可以让侧边显示功能键,让正面屏幕完全显示游戏内容。防误触的设计上,小米采用多传感器+AI算法来进行智能判断。

LG在CES2021中发布了一款概念手机新品——LG Rollable,该机其实就是一个折叠屏手机的变种设计,整体的设计思路与此前OPPO的概念机Find X2021比较类似,均是通过拉开内卷在机身内部的屏幕来实现屏幕的变形使用。其实LG Rollable就是一种折叠屏的变种设计,实际的技术原理依旧是通过柔性屏幕来改变手机形态。这种手机形态的变化方式,相比折叠屏设计要更为新颖,同时也更被用户所接受。

目前,除了 LG Rollable 之外,TCL 在 2020 年也展示过类似的内卷屏幕设计,再加上 OPPOFindX2021,预计在 2021 年会有不少内卷屏手机新机会推出。作为新兴的手机类型,其有着足够的创新元素,能够吸引到不少新用户。

折叠屏手机曾经被普遍认为将取代全面屏,成为手机屏幕的下一个答案,然而目前的折叠屏手机,除了三星之外的品牌出货量均十分微小,显然其并未让市场疯狂。居高不下的成本以及造型上的问题,均对这种手机形成了限制。而内卷屏的手机设计与当下的直板机型十分接近,并兼具折叠屏的优势,或许将会接替折叠屏,成为市场的新宠。

在第 54 届国际消费电子产品展(International Consumer Electronics Show,简称 CES)首次以数字化展示的形式拉开帷幕。TCL 参加了展会并重点发布了两款柔性屏产品,全球首款 17in 的打印式 OLED 卷轴屏和全球首款 6.7in 的 AMOLED 云卷屏。其中,6.7in 的 AMOLED 云卷屏通过滑动机壳可使卷藏于内部的柔性屏被“拉出”,让 6.7in 的屏幕快速延展成 7.8in。

第三节 应用趋势分析

伴随 OLED 终端需求不断拓展,OLED 相关投资额逐年提升,根据 DSCC 预测 OLED 材料市场规模将从 2018 年 1037 百万美元扩大至 2023 年 2280 百万美元,CAGR(复合年增长率,英文 Compound Average Growth Rate)为 17%。当前 OLED 需求主要来自智能手机。

OLED 产业链上游包括材料制造、设备制造、组装零件,中游是面板制造、组模、驱动芯片等环节,下游是各类终端应用。而在下游领域,除了手机终端设备和电视屏幕的应用,还有可穿戴设备和汽车等应用,市场前景广阔。我国也是全球最大的 OLED 应用市场。OLED 产业链如图 4-5 所示。

上游（组零件）	中游（制造）	下游（终端）
· **设备制造** · 显影/刻蚀 · 镀膜/封装 · 检查/测试 · **材料制造** · ITO玻璃 · 有机材料 · 偏光板 · 封装胶 · **组装零件** · 驱动IC · 电路板 · 被动元件	· **OLED面板制造** · 面板制造 · 模组组装	· **OLED应用** · 手机显示 · OLED TV · VR · 穿戴设备 · 平板 · 电脑 · 车载显示 · 照明领域 · 其他领域

图 4-5　OLED 产业链

一、显示产业应用领域趋势分析

平板显示产业链下游为终端应用市场，应用领域主要包括手机、笔记本电脑、平板电脑、电视等消费电子产品以及车载、工控、医疗显示等专业显示产品。

(1)手机是显示面板下游的重要应用市场。在新兴市场方面，目前智能手机渗透率仍低，部分国家的消费者仍以一般功能性手机使用为主，因此，由功能手机转为智能手机的换机需求，仍会是新兴市场的主要成长动能。在信息通信、硬件制造技术创新和消费者升级换代需求的推动下，手机的市场空间巨大，全球手机出货金额预计仍将稳步扩大。

(2)电脑。2019 年尽管游戏笔记本电脑出货量增加 12.8%，受到 CPU 供应短缺及全球经济不确定性持续影响，出货量继续下降至 1.65 亿台(降幅 0.6%)。2020 年，出货量回升并维持稳定，2022 年出货量将达到 1.69 亿台。平板电脑因改变用户人机接口体验，搭配丰富的应用软件及发展完备的系统，满足消费者移动娱乐及快速上网需求，其轻薄节能及高度移动性迅速带动出货数量在数年内大幅增长。

(3)电视是平板显示行业下游的主要应用领域，其面积占平板显示出货面积的70%以上，是行业非常重要的市场。伴随着消费升级以及新型显示技术的驱动，电视面板市场正在向大尺寸、超高清化发展。65in及以上尺寸高端彩电市场需求快速增长。全球液晶电视平均尺寸正在不断以每年1~2in的速度增加。

随着华为等手机厂商进入电视市场，并推出智慧屏的新概念，电视有望摆脱单一家庭娱乐平台的作用，转向智能交互中心、智慧家庭控制中心以及家庭娱乐中心等多功能平台，重新回到人们生活的中心，电视市场有望恢复快速增长。

(4)车载及工业控制等专业显示市场。专业显示类客户对产品的品质可靠性和长期持续供应能力要求很高，因此，专业显示类产品具有定制化程度高、客户黏性高、认证门槛高、产品生命周期长等特点。专业显示有30多个细分市场，其中产值占比最高的为车载市场，其次为工控、医疗市场。

由于使用TFT-LCD面板的应用持续增加，单车显示屏数量及显示屏尺寸均持续增加，车载显示器正日益成为所有车辆的标配，如大尺寸高分辨率数字集成仪表板，搭载触控功能的大尺寸中控显示面板，以及平视显示器(Head Up Display，简称HUD)与电子后视镜(E-mirror)等需求已经成为汽车性能升级与价值增长的刺激因素。

在工控显示市场，人工成本上涨、安全需求增加以及工业自动化快速发展，对智能显示需求快速增加。工控产品应用范围较广，包含销售终端(Point of Sale，简称POS机)、自动取款机(Automated Teller Machine，简称ATM)、多功能数码复合一体机(Multi-Functional Peripheral，简称MFP)、工业显示、人机界面(Human Machine Interface，简称HMI)、智能家居等。随着公共交通、充电桩等新兴市场快速发展，整体市场发展状况良好，工业显示市场将更为广阔。

在医疗显示市场，随着人口老龄化导致医疗资源紧缺以及医疗自动化水平的提升，越来越多的监护设备、诊断设备、手术设备配备了彩色

TFT-LCD 显示屏,医疗设备显示市场规模日益扩大,自动化水平稳步提升。其他应用,如自动柜员机、销售终端、大型游戏机台等,也逐渐以TFT-LCD 面板来显示大量的信息,向智能化、显示信息多样化、大屏幕化方向发展。而随着云端及物联网的环境逐渐成熟,越来越多应用面与设备逐渐开始互相串联、分享信息。

在显示终端应用领域,手机贡献最大市场需求。2018 年,智能手机占比达到 71%,可穿戴设备占比 10%,电视及家用电器占比 6%,其他领域占比 10%。2018 年,OLED 手机面板出货量达到 543 百万片,同比增长 27%,其中柔性 OLED 手机面板出货量为 331 百万片,同比增长 39%。至 2022 年,柔性 OLED 手机面板出货量将达到 598 百万片,占整个 OLED 面板出货量的 50% 以上。2019 年,OLED 面板在手机市场中的渗透率超过 35%,至 2021 年将逐步取代 LCD 手机面板成为新一代主流显示技术。2021 年,智能手机 OLED 面板市场空间将达到 346.5 亿美元,尽管由于面板价格下调使得 2022 年 OLED 面板市场空间较 2021 年有所下降,但仍将达到 333.8 亿美元。2018 年,OLED 应用领域情况如图 4-6 所示。

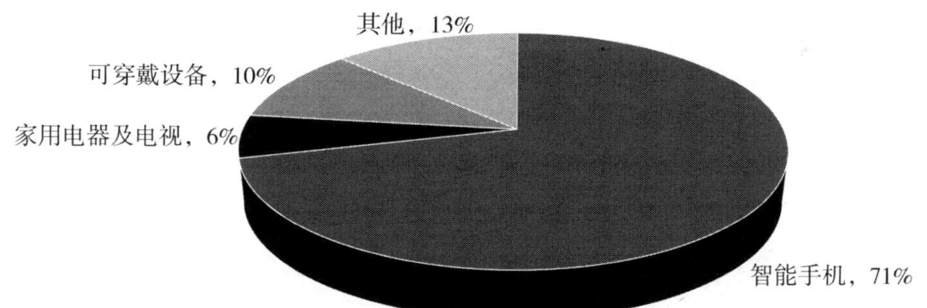

图 4-6　2018 年 OLED 应用领域情况

电视是 OLED 显示领域又一大应用市场。2018 年 OLED 电视面板出货量为 2.9 百万片,同比增长 66%;2019 年同比增长 28%,达到 3.6 百万片。2023 年,OLED 电视市场空间将达到 105 亿美元,2018 ~ 2023 年复合增长率为 31%。2016 ~ 2019 年 OLED 电视面板出货量及增速如图 4-7 所示。

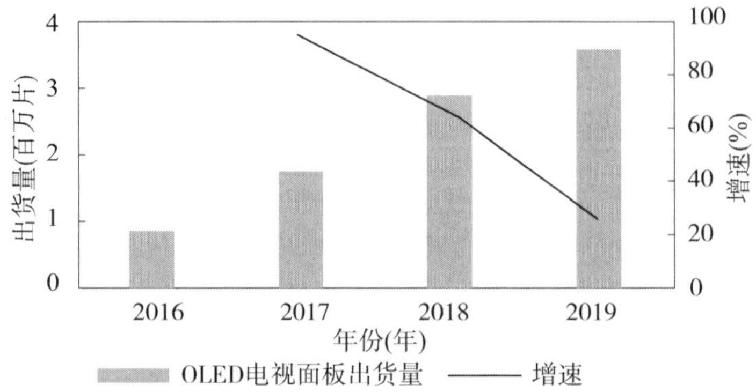

图 4-7　2016～2019 年 OLED 电视面板出货量及增速

未来 OLED 显示在 VR 及可穿戴领域也将占有一席之地。虚拟现实(Virtual Reality,简称 VR)设备看重轻薄、广视角、高刷新率和低余晖,OLED 是唯一可以提供良好舒适体验的显示屏。2020 年,VR 领域 AMOLED 面板全球市场规模有望达到 5.5 亿美元以上,2016～2020 年复合增长率达到约 63%。可穿戴设备需要具备弯折功能,并追求屏幕部分区域常亮,OLED 以其柔性和低功耗的特点成为最佳选择。可穿戴智能设备未来发展主要集中在智能手表领域,2020 年全球市场规模有望达到 10 亿美元左右,2016～2020 年复合增长率达到 71%。

二、柔性 AMOLED 产能投资热观察

近年来,消费者对于大屏显示的兴趣和需求持续成长,亮度、颜色和影像细节都是消费者关注的要素。

华为技术有限公司近日发布 Mate30 系列手机,其中 Mate30Pro 采用"瀑布屏",屏幕曲度达 88°。用手指滑动"瀑布屏"时,屏幕中的影像会从手机侧面倾泻而下。

Mate30 采用的是 AMOLED(主动有源有机发光二极管)新型显示技术。据介绍,OLED 显示屏有许多优于液晶面板的特性:首先,它能自动发光,没有 LED(发光二极管)背光源组等部件,整体结构更加轻薄,节能效果更好;其次,OLED 显示屏采用有机材料,具有全固态结构,动态响应速度足够快,而且可柔性弯曲显示,在 5G 和 8K 时代将有广泛的应

用场景;此外,OLED屏短波蓝光溢出少,有利于眼睛保健。

OLED显示屏在手机上的应用可分为两个阶段。起初,由于高分辨率和强大的色彩表现力,它以硬屏形态出现在手机上,占据了智能手机的高端市场。而今,它在手机上的应用以曲面屏为主。与硬屏相比,曲面屏有更广的视野和更好的视觉效果,符合人类眼球结构,适合显示立体影像。

作为OLED产业的全球领先企业,三星集团在十多年前就完成了AMOLED技术攻关,于2011年实现大规模产业化。目前,三星、苹果、华为等手机厂商的旗舰机大多采用三星OLED屏。

在相当长一段时间里,三星在这一领域的市场份额达95%以上,但这种局面正在改变。

近两年,随着AMOLED新型显示技术工艺的成熟,国内外面板厂商的OLED产量不断上升,OLED显示屏逐渐成为手机屏幕的主流。然而,AMOLED技术工艺和应用场景发展远没有终结。业内人士预测,随着器件技术、制造工艺的进步,真柔性、可任意折叠的OLED显示屏手机将出现在市场上。那时,手机可以展开成为平板电脑,也可以折叠成一块智能手表,变身为多种形态的电子产品。

从2019年上半年各家显示面板公司的产线运营进展看:

京东方成都第6代柔性AMOLED生产线出货量超千万片,绵阳第6代AMOLED(柔性)生产线已实现量产出货。

维信诺昆山第5.5代AMOLED生产线运营及客户导入情况良好,固安第6代柔性AMOLED产线出货量稳步提升。

TCL集团柔性AMOLED产品已开始产能和良率爬坡,预计年底将实现量产。

深天马第5.5代AMOLED产线已向品牌客户量产出货,武汉天马第6代LTPSAMOLED产线一期项目刚性屏已量产出货,柔性屏已量产。

从以上披露信息可见,虽然OLED受行业追捧而被面板公司积极布局多条产线,但柔性AMOLED产能目前实际出货量仍较少,仅有京东方

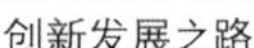

和维信诺两家公司已供货品牌客户，与媒体端看到的“柔性出货”“柔性量产”等相比，我国柔性 AMOLED 整体出货量实则有点“雷声大雨点小”，实际供货量远小于产能设计量。另一方面，柔性 AMOLED 目前主要被用在高端旗舰手机上，总体出货量有限。预计随着 5G 商用加速带来的换机潮，以及物联网下人工智能物联网（Artificial Intelligence & Internet of Things，简称 AIOT）的多种形态屏幕需求，柔性显示的市场空间将进一步释放。

市场普遍关注柔性 AMOLED 投资热带来的产能过剩问题。目前，全球已经公布、在建以及量产的柔性 AMOLED 产线有 22 条（新增量产线 13 条），在中国有 15 条，韩国有 6 条。如果这些产线全部量产，产能确实短期难以消化。不过，从目前面板公司的现状来看，谁能生产出真正的柔性 AMOLED 产能量还有待观察。随着柔性屏在智能终端领域渗透率加速提升以及屏幕需求面积的进一步增大，未来 AMOLED 柔性产能是否过剩尚无定论。

随着最近面板厂产能的逐步扩展，整体显示面板生产市场在 2018～2019 年呈现了比较明显的供大于求现象，从而导致显示面板生产行业收益的恶化和新增投资的放缓。进入 2020 年，虽然随着韩国面板厂在 LCD 产能上的逐步退出，显示面板的整体供应越发趋近于供需平衡，但各面板公司对新增产能规划依然呈现一定的谨慎态度。

根据市场研究公司 Omdia 数据显示，2020～2025 年期间，对显示面板新增产能的投资会逐渐从 LCD 上转换到 AMOLED 上。与此同时，随着中国在显示面板生产上实力的日益增强，政府开始积极推行各种政策以便通过将产业链本土化形式来夯实在显示面板生产领域的竞争优势。在这种大环境下，对于中国本土的设备生产和供应商来说，既是机遇，也是挑战。

随着高世代 OLED 面板生产线在大陆相继建成并量产，上游材料领域，如玻璃基板、液晶材料、偏光片、光学膜等本土化进程也将加速发展。等到苹果把 OLED 面板应用在自家产品上时，将会进一步刺激产业链。

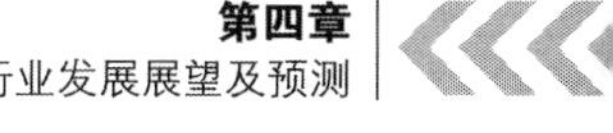

基板玻璃作为薄膜显示产业的基石,不仅广泛应用在液晶面板结构中,还是OLED必不可少的基底材料,基板玻璃受显示机理变化的影响有限,具有不可替代性。

第四节　市场渗透率预测

在整个液晶产业链上,玻璃基板是产业上游最关键的一环,也是国内企业最薄弱的一环,九成的玻璃基板市场份额掌控在康宁等海外龙头手里。玻璃基板国产化后成本和售价有望大幅降低。而价格降低10%~20%,就能增加液晶面板环节一倍的利润。对下游液晶面板乃至整机环节撬动效应明显。

平板显示器件于20世纪60年代诞生,主要包括液晶显示器、发光二极管、等离子显示板、电致发光显示器等。目前液晶显示(LCD)与有机电致发光显示(OLED)为平板显示行业主要显示技术,占据行业绝大部分产值。

一、显示产业发展展望

在笔记本电脑、智能手机、平板电脑、大尺寸高清电视以及车载和工控等专业显示历次应用浪潮的推动下,全球平板显示行业发展稳定,市场空间巨大。

1. 显示产业市场规模

随着4K/8K技术的成熟、AMOLED产能释放以及5G、物联网的推进对平板显示产业的拉动,2019年全球平板显示产业产值为1172.6亿美元。

由于TFT-LCD技术成熟,成本较低,应用范围广泛,TFT-LCD技术在平板显示产业中依然占据绝对优势。由于AMOLED在智能手机中快速渗透,近年来产值和出货量大幅提高,在平板显示行业产值占比处于不断增长态势。2016~2019年全球平板显示产业产值(百万美元)如图4-8所示。

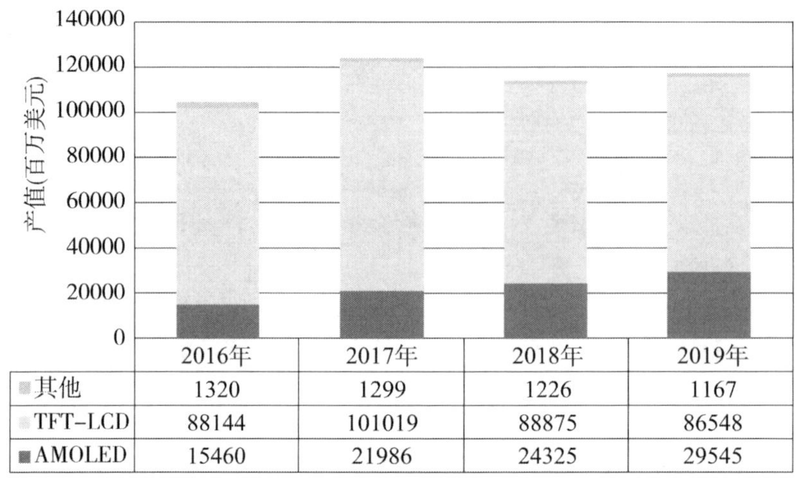

	2016年	2017年	2018年	2019年
其他	1320	1299	1226	1167
TFT-LCD	88144	101019	88875	86548
AMOLED	15460	21986	24325	29545

图 4-8　2016～2019 年全球平板显示产业产值

目前,全球平板显示行业企业以韩国、日本、中国面板生产厂商为主。

日本是最早实现 TFT-LCD 产业化的国家,对液晶显示技术具有深厚的技术积累,代表厂商为 JDI、夏普。1995 年后,韩国面板厂商凭借高额的政府补助迅速占领市场,后来居上,主要企业为三星电子和 LGD 两大巨头。中国厂商依托巨大的下游需求市场,在我国政府的大力支持下快速崛起,发展出京东方、华星光电、深天马、中电集团、惠科、维信诺、龙腾光电等主要企业。

AMOLED 面板的市场需求目前主要以智能手机为主,从 2017 年 iPhoneX 开始进入快速爆发期,目前 AMOLED 面板已基本成为各品牌企业高端手机的基本配置。同时随着折叠屏、柔性屏等新型手机形态的涌现,柔性 AMOLED 面板市场出现新的快速增长点。

此外,随着面板产能和良率的提升,AMOLED 面板成本进一步降低,将逐渐向中低端手机市场渗透。在智能穿戴领域,预计到 2022 年,AMOLED 由于对比度高、色彩鲜艳、可制备柔性、曲面等特点,渗透率将迅速提升至 40% 以上。在电视领域,预计到 2022 年,全球 OLED 电视面板的规模将达到 750 万台,渗透率提升到 3% 。

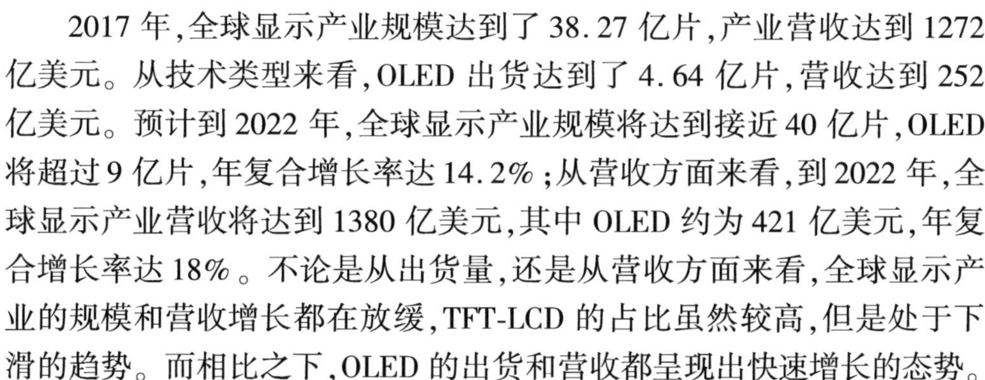

2017 年,全球显示产业规模达到了 38.27 亿片,产业营收达到 1272 亿美元。从技术类型来看,OLED 出货达到了 4.64 亿片,营收达到 252 亿美元。预计到 2022 年,全球显示产业规模将达到接近 40 亿片,OLED 将超过 9 亿片,年复合增长率达 14.2%;从营收方面来看,到 2022 年,全球显示产业营收将达到 1380 亿美元,其中 OLED 约为 421 亿美元,年复合增长率达 18%。不论是从出货量,还是从营收方面来看,全球显示产业的规模和营收增长都在放缓,TFT-LCD 的占比虽然较高,但是处于下滑的趋势。而相比之下,OLED 的出货和营收都呈现出快速增长的态势。

2.2021 年的液晶面板市场预测

2020 年之前,液晶面板的价格持续几个季度走低,面板产能充足,供大于求的形势导致液晶面板的价格持续走下坡路,完全没有回暖的势头。这也导致许多头部面板企业转产、停产、出售生产线等操作,目的是减少损失。但是,疫情的到来令全球显示行业发生了非常大的变化,居家抗疫的方式令全球显示行业需求大幅增长,作为主流出货量代表的液晶面板也迎来涨价,以三星、LGD 为代表的头部面板生产线也相继宣布延迟液晶面板生产线关停计划。群智咨询显示,2020 年一季度液晶面板价格迎来大幅上涨,特别是大尺寸 65in、1~2 月各上涨 3 美金,75in 整体价格止跌回暖。但是到了第二季度,根据 WitsView 面板报价显示,由于欧美新冠肺炎疫情扩散,国际品牌第二季度调降面板采购订单 10%~15%,使得面板供需反转,电视面板再连续上涨两个月之后,4 月、5 月反转走跌。经过第一、第二季度的清库存和对未来预期的不理想而放缓的备货计划,在第三季度得以释放。所以,从 6 月开始,面板供需发生反转,从 6 月开始直到现在一直处在上升区间,液晶面板价格上涨走势将持续到第四季度。最近有相关研究机构发布了主流面板价格走势,市场研究机构 WitsView 数据显示,2020 年 11 月上半月,32in、43in、55in 面板价格为 58 美元、103 美元、160 美元,与 2020 年 5 月、2019 年 12 月相比分别上涨 81.3%、53.7%、58.4%。根据群智咨询数据,主流电视面板尺寸 32in、39.5in、43in、50in、55in、65in、75in,10 月结算价格分别为 58 美元、87 美元、103 美元、139 美元、161 美元、216 美元、317 美元，较 9 月环比上涨 11.54%、10.13%、11.96%、9.45%、8.05%、8.00%、3.93%。可以看出，面板价格仍然处于上涨状态。

虽然液晶面板的价格还是处在上涨区间，但是价格涨幅有所回落。因为电视面板供应在上游材料供应能力的限制下，仍维持在较为紧张的状态。由于目前面板价格水位已经对整机成本造成实际的影响，将影响品牌对后市的信心，预计部分品牌将开始调整采购策略，在市场份额和盈利性之间作出选择，面板供需进入博弈期和调整期。之后市场将继续有小幅调整，但涨幅将进一步被压缩。

近年来，我国液晶面板产业强势崛起，产销一直在同步增长，而且通过不断抢夺日韩品牌的市场份额，液晶市场占比一度遥遥领先。2020 上半年的数据显示，中国厂商的液晶电视面板出货面积已经占到了 59%，随着三星、LG 以及松下、三菱等品牌相继退出液晶市场，需求专业到国内，中国厂商产能恐怕仍然不足以弥补退出的份额需求，预计 2021 年的液晶面板市场仍然供不应求。受全球消费电子持续增长影响，全球面板产能持续增加，且新增产能主要来自中国，国际大厂商三星、LG 等陆续关闭 LCD 生产线，国内如京东方、华星光电等一系列厂商正通过不断布局加速占据国际市场份额。据推算，中国的液晶面板生产能力很快就将超过韩国等。

由中国光学光电子行业协会液晶分会、中国 OLED 产业联盟、国际半导体产业协会共同承办的 2020 世界显示产业大会 OLED 产业协同创新论坛于 11 月 21 日在合肥举办。论坛以“协同创新、共谋发展”为主题，展现了 OLED 产业的新技术、新产品、新成果、新应用，为产业间的合作与交流搭建了良好平台。

中国 OLED 产业正处于发展时期，面临发展新机遇，量产进程快速推进，产业规模持续增长。近年来，各地对显示面板产线的投资十分踊跃，AMOLED 产业规模得以迅速扩张。根据赛迪智库数据，截至 2020 年 10 月，全球已建成 AMOLED 生产线 23 条。其中，中国大陆地区已建成生产线13条，在建生产线4条，总投资规模超过4000亿元。

OLED具备高对比、响应快、可弯折、低蓝光等技术优势。具体来讲，OLED自发光显示，可实现像素级高动态范围(High Dynamic Range，简称HDR)和更高对比度；微秒级响应时间，可提供细腻流畅的动态画面；无须背光、可弯曲的特性，可使产品形态更加丰富；更低比例的"有害蓝光"具有护眼优势。全球范围内，柔性OLED生产线成为投资重点。折叠柔性屏年均增长率保持在两位数以上。柔性OLED生产线的资本密集度高于液晶产线，相同世代线规格的柔性OLED生产线所需装备成本大约是a-Si液晶产线的2.5倍。此外，随着虚拟现实市场的快速增长，硅基OLED逐渐成为OLED产业发展的新热点，产业投资快速增长。

随着OLED产业链建设初具规模，发展环境日臻向好，终端、面板领域提升了对供应链的重视程度，OLED产业加速了向中国转移。OLED产业资本与泛半导体产业融合，内需市场进一步被激发，人才队伍逐渐壮大。然而，在新型显示设备行业的高端环节，国内产业发展还面临诸多困境。前"加工"核心设备领域，寡头垄断现象严重。核心设备技术门槛高，升级迭代快，核心企业已经有几十年的技术积累，后入局者追赶核心企业的难度很大。5G应用场景的日渐丰富使得显示需求愈发旺盛。高端VR/AR系统需通过微型显示器来呈现画面，而Micro OLED显示则属于微显示的范畴。一般而言，它拥有两个显著特点，即芯片尺寸小、像素分辨率高。在Micro OLED产业化进展过程中，欧美国家日本在全球竞争中具有领先优势。与此同时，中国生态优势显著，中国企业在该领域大有可为。

现阶段，显示产品种类日益丰富，屏下摄像手机、折叠屏手机、三折屏手机等多种显示产品，彰显了显示领域的最新技术发展趋势，让新型屏幕成为了人与世界交互的有效端口。随着产业格局变迁，中国新型显示产业已走在世界前列，OLED作为新兴技术的代表，将受到更多关注。未来，OLED面板市场将持续增长，OLED在笔记本电脑等移动产品中的渗透率将进一步提高。新技术的引入和市场容量的增长将进一步推动关键设备和材料的发展。目前,中国新型显示产业已初步形成京津冀、长三角、东南沿海,以及成渝鄂地区产业集聚布局,产业园区产业基础和产业配套环境良好。未来,头部园区产业竞争力将进一步加强,产业园区发展区域分化现象也日益加剧。新型显示产业是技术密集型产业,创新能力是驱动产业发展的重要因素。新型显示产业园区在推进制造生产的同时,也将更加重视区域创新中心的建设,从而形成区域核心竞争力。随着物联网技术的进一步发展,万物互联时代已逐步过渡到万物显示时代,人机交互端口在工业、家电、通信、汽车、医疗等各个领域无处不在,显示产业迎来迭代升级。显示产业的升级会带来一些挑战,对显示的形态、画质、功能提出更高要求。从形态上来看,显示产业的升级会催生出更轻、更便于携带的设备,以及可折叠屏等;画质的色彩饱和度及画面对比度会变得更高,视角也会变得更宽广;产品的功能会更强,能耗也会更低。

二、OLED 市场展望和渗透率预测

1. OLED 市场展望

众所周知,玻璃是影响 OLED 屏幕性能的重要材料。在几种已实现量产的 OLED 屏中,TV 用大型 OLED 是其中一种。该屏的玻璃作为背板只使用一片,另一侧会用金属薄膜来进行封装。它的中间为移动用途的硬式屏。由于采用顶发光方式,它的另一侧使用透明的玻璃封装。

柔性 PI-OLED(PI 即聚酰亚胺)近期备受瞩目。作为支撑聚酰亚胺基板的载板,这种屏会使用一片玻璃。尽管在终端产品中不会被保留,这片玻璃仍是能够影响 OLED 屏性能的重要制程材料。近五年来,中国 OLED 用玻璃的需求大幅增长,预计今后需求还将继续增加。万物互联时代的到来与显示产业的发展密不可分,视觉享受的进化催生了显示技术的迭代。从个人计算机(Personal Computer,简称 PC)互联时代到移动互联时代,再到视觉互联时代,数字内容与现实世界逐渐融合进化。随着物联网、云计算、大数据等新一代信息通信技术迅猛发展,作为智能手

机、平板电脑、可穿戴电子设备、智能家居等智能终端设备的关键部件，平板显示器件的市场需求也呈较快增长态势。近年来，中国显示面板行业快速发展，产能不断增加。预计以后几年，中国显示面板产能在全球占比将进一步提高，中国有望成为全球最大的显示面板生产基地。

目前，显示产业面临着一些挑战，其中之一是要保持高质量面板的生产。显示产业的发展催生了高质量、高像素、高精度，以及拥有可折叠、可弯曲等自由显示形态的显示产品，对感光材料也有了更高需求。在显示产业中，如何节约成本是另一个关键挑战。当前，提升生产效率，节能环保，减少废物污染，是产业发展新趋势。此外，新型显示技术的研发也是一大挑战。目前，Micro LED 的生产仍面临困难，其中最困扰研究人员与制造商的是巨量转移制程。印刷式 OLED 显示屏，以及可折叠、透明显示屏的研发同样具备一定挑战性。

现阶段，发展液晶面板工厂的国家十分关注污染情况，很多液晶面板厂都不会建在一级城市。我国的环保法规总体处于国际领先地位，比很多国家都要严格。环保相关法规既规范了气体排放的浓度，又规范了排放强度。完整的屏幕令人愉悦，但其中也包含了无数为创新而付出的艰辛。拍摄需要充足的光线，光线越足，成像效果越好。因此，要实现屏下摄像功能，光是必不可少的一大要素。除了保证拍照光线进入其中，手机屏幕还需完成显示的任务。光线需要透明，显示需要像素，任何不均衡都会让屏下摄像头解决方案无法实现。如何让两者实现最佳平衡，成为能否成功实现屏下技术的关键点。

OLED 显示技术有诸多优点，但在大面积推广过程中存在着一些阻碍。良品率低和产能不足是制约国内 OLED 行业发展的主要因素。良品率低是造成 OLED 成本较高的主要原因之一。OLED 面板供应不足，无法满足所有下游厂商的需求。

中小尺寸方面，三星占据了 90% 以上的市场份额，除了满足自家需求以外，还要供给苹果，因而无法满足其他手机厂商的需求。大尺寸方面，目前除 LG 以外的其他企业尚未形成实际生产能力，如中国面板巨头京东方在2016年联合创维推出首台完全自主的OLED电视,但是并未形成大尺寸OLED面板实际产能。

为了提高良品率和增建产线,国内面板厂商投资几百亿元用于购买昂贵的设备和材料。这些新设备的折旧和OLED材料费用都需要摊销到OLED面板的成本中,从而推高了OLED面板的价格。因此,良品率低和产能不足将导致OLED面板价格居高不下,从而制约了OLED在我国的大面积推广。

良品率低一直制约着我国OLED发展。蒸镀过程是提高良品率的关键步骤,而上游蒸镀设备供应不足是良品率低的主要原因之一。过去三星和LG增建产线几乎买断了相关蒸镀设备,近几年国内面板厂商陆续采购蒸镀设备,良品率逐渐提升。截止到2018年底,京东方成都6代线综合良品率已经达到了70%,2019年11月,维信诺昆山5.5代线综合良率达90%,固安6代线也达70%。2021年,国内面板厂商在刚性和柔性OLED面板方面良品率将会提升至与三星基本持平。2023年,可折叠OLED面板良品率也有较大的提升。OLED面板良品率提升,成本将逐步降低至LCD以下,渗透率有望增加。当生产良品率超过80%时,OLED成本将低于LCD。一旦成本低于LCD,OLED将凭借其性能优势大规模替代LCD。因此,未来2~3年,随着良品率提升,OLED成本将会逐渐降低,从而渗透率增加,逐步成为主流显示技术。

2. OLED市场渗透率预测

OLED作为新一代显示技术,显示结构简单、耗材环保,且具有柔性可卷曲的特点,更方便运输和安装,突破尺寸的限制,规模化量产后更有可能具备低成本普及的优势。

OLED应用非常广,包括电视、智能手机、智能穿戴、VR、汽车显示、汽车照明灯等。目前,智能手机领域OLED渗透率已经达到了15%,其中不少高端机型还采用了柔性OLED屏。而在中高端智能手表当中,几乎全部采用AMOLED显示屏。

另外,可折叠元年塑造手机新生态,OLED渗透率有望加速提升。

OLED 具备色彩艳丽、自发光、轻薄可柔性等优点，区别于 LCD 显示技术，最大的不同在于可实现显示器件的折叠甚至卷绕。当前 OLED 显示最大的应用场景在于智能手机，而 OLED 手机虽已发展至柔性曲面屏，但本质上相比 LCD 并未有突出的变化。根据 AVC 统计，2017 年 OLED 手机渗透率约 25%，2018 年约 30%，渗透率仍然较低。随着 OLED 在智能手机中应用技术的不断成熟，OLED 的渗透率仍将会进一步提升。2016～2022 年 OLED 手机面板渗透率如图 4-9 所示。

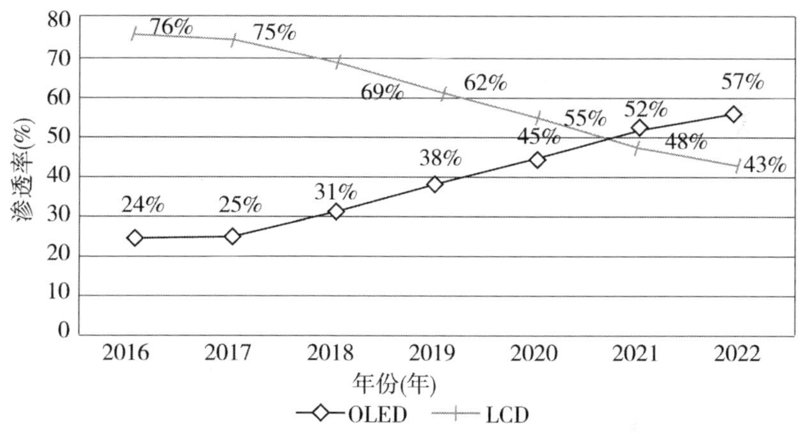

图 4-9　2016～2022 年 OLED 手机面板渗透率

而自 2018 年开始主流手机厂商开始展示可折叠手机设计。可折叠手机的成功应用真正实现了 OLED 的最大优势，将重塑手机新生态，未来随着技术的不断成熟和成本的不断下降，OLED 渗透率有望加速提升。

从 2019 年第一季度中国 OLED 细分领域结构来看，手机 OLED 和电视占比较大，分别占比 47.2% 和 33.9%，其次 PC 设备占比 9.4%，车载显示占比最少仅 1.9%。

未来 OLED 面板将在显示终端每个领域的渗透率都有所增加。预计 2022 年，OLED 面板全球市场空间将达到 511 亿美元，2019～2022 年复合增长率为 21%。手机领域仍为第一大市场，是未来几年 OLED 市场的主要需求方；电视领域虽为第二大市场，但渗透率相对较低，这主要是由于目前 OLED 技术在成本及使用寿命上不具优势，并且随着多种新兴技术并行发展，OLED 技术将同量子点、Mini LED、Micro LED 等新兴技术展开竞争。2016 ~ 2022 年 OLED 智能手机面板市场空间及增速如图 4-10 所示。2017 ~ 2023 年 OLED 电视面板市场份额及增速如图 4-11 所示。

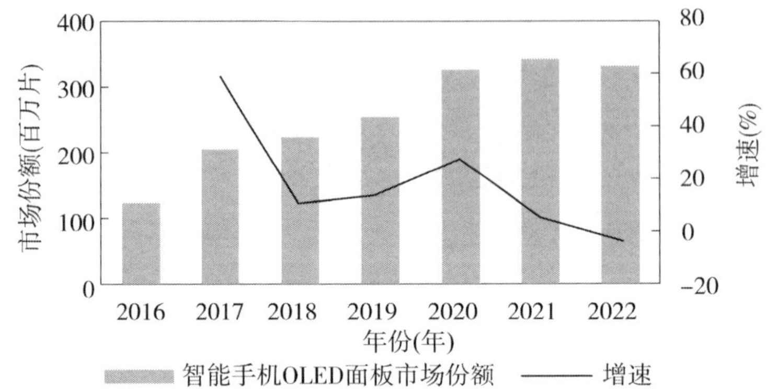

图 4-10　2016 ~ 2022 年 OLED 智能手机面板市场空间及增速

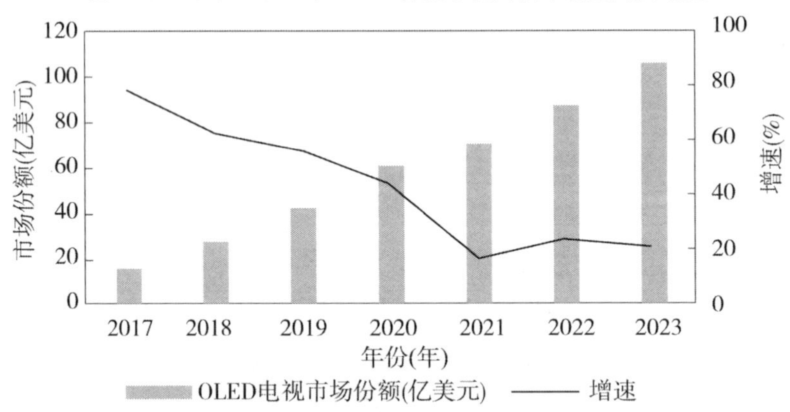

图 4-11　2017 ~ 2023 年 OLED 电视面板市场份额及增速

3. OLED 行业未来发展趋势

目前全球的面板厂商都在大肆扩建或新建 6 代线，提升柔性 OLED 产能。2017 年后全球新增的第 6 代柔性 OLED 产线至少达到了 11 条，其中国内 7 条，韩国 5 条。未来 3 年，柔性 OLED 产能将保持高速增长，年复合增长率高达 95%，2020 年将超过 4 亿片。这也引发了业内对于未来柔性 OLED 面板产能过剩的担忧。

虽然接下来柔性 OLED 的供应将会快速攀升，但是考虑到产能利用

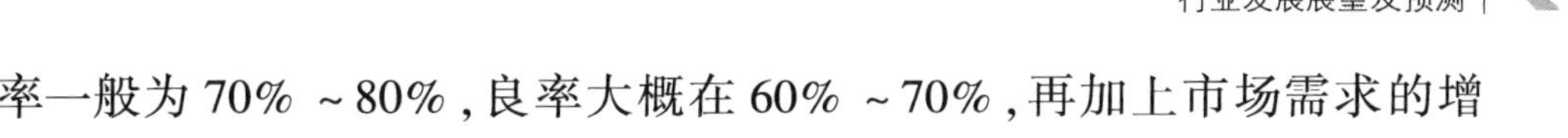

率一般为 70% ~80%，良率大概在 60% ~70%，再加上市场需求的增长，整体上实际到市场端的供应和需求还是持平的。

《2020—2026 年中国 OLED 面板行业市场专项调研及投资前景分析报告》数据显示，OLED 市场规模不断扩张，2020 年市场规模达 343 亿美元。随着 OLED 技术发展、成本改善和产能建设等的逐步推进，OLED 市场高速增长，2018 年全球 OLED 市场规模为 265 亿美元，同比增长8.08%，2019 年市场进一步提速，增长至 304 亿美元，增幅 19%。预计到2023 年，全球 OLED 面板收入将能够增长至462 亿美元。2020 年，全球 OLED 出货面积增速将能达到顶峰，单位出货量将由 2019 年的约 8 亿块增长至 10.26 亿块，同比增长 27%。

移动 OLED 市场需求占比超过 80%，智能手机、智能手表贡献市场增量。2018 年，OLED 下游应用领域中，以智能手机和智能手表为主的移动 OLED 市场占比超过 80%，其中智能手机占比最大达 71%。智能手表的整体市场单位出货量将能够在 2019 年达到 7310 万块，其中 Apple Watch OLED（苹果智能手表）出货量实现 45% 增长，达到 2550 万块。

中国在 OLED 行业链上游环节严重依赖进口，因此，中国厂商须采购昂贵的国外设备及其零部件进行生产，而 OLED 上游设备和材料分别占 OLED 行业成本的 35.4% 和 31.0%，其中设备占产线投资的 70.0%，导致 OLED 制造成本难以下降。中国在 OLED 上游关键零部件和材料领域实力欠佳，对国外厂商依赖较强，严重地制约了中国 OLED 行业的发展。OLED 成本结构分析如图 4-12 所示。

在 OLED 行业未来发展中将出现以下几个趋势。

1）OLED 将逐步取代 LCD

相较于 LCD，OLED 具备柔性、广视角更大、高对比度等特点，可满足更多应用场景需求。同时，下游应用领域逐步趋向高彩色、大尺寸、快速显示等方向发展，致使新型终端对 OLED 的需求及传统终端对 OLED 的替代需求增大。未来随着 OLED 技术的成熟，消费者逐渐趋向高端、大型化发展的消费电子，相关行业制造厂商更趋向使用OLED产品，预计将带动OLED行业需求的进一步提升。

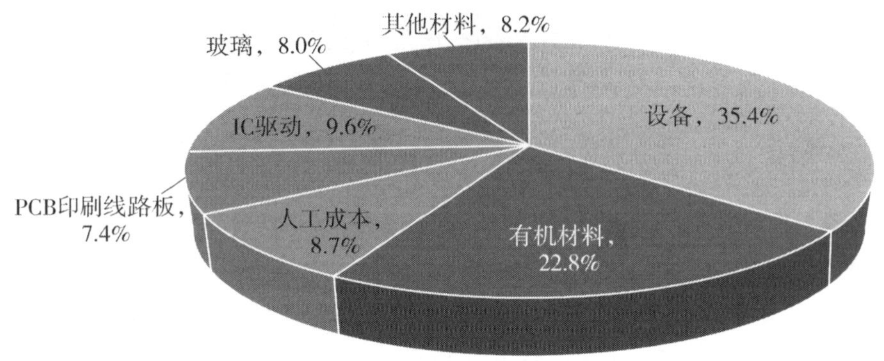

图4-12 OLED成本结构分析

2）产品制造将采用柔性OLED显示

伴随着OLED技术的不断创新，柔性OLED优势将带动曲面与可挠式柔性面板的市场需求，促成曲面、可卷曲式、可折叠式面板技术与触控解决方案相结合，成为未来电子产品配置的一大趋势，如透明显示、可卷曲电视、超大或超小尺寸手机、平板电脑、智能手表等新产品均运用了柔性OLED技术。

随着全球手机厂商在可折叠式手机领域的研发深入，预计国内手机品牌OPPO、小米、VIVO等厂商将在自家的手机机型上应用柔性OLED面板，其产能将相继扩大，带动了消费者新一轮的大换机潮，因此，柔性可折叠屏将成为未来OLED应用的趋势，其中智能手机将会是近年来柔性OLED最大应用市场。

可折叠应用带动尺寸增加，发光材料需求加速提升。一方面，可折叠手机应用有望带动OLED渗透率加速提升，另一方面，多屏折叠可突破原有手机的尺寸限制，显示面积增加将加速提升发光材料需求。由于OLED面板及终端发光材料专利均被国外垄断，国内企业主要以低附加值的前端中间体、粗单体为主。近年来，以京东方为代表的国内企业持续投资加速追赶，IHS预计2023年大陆企业面板产能占比将接近40%，国内面板厂商良率提升，技术不断成熟，为材料本土化配套奠定了基础。

近年来,强力新材、万润股份等企业凭借技术合作和自主研发陆续突破终端专利材料,开始进入国产产线的认证及量产供应阶段,国产面板厂商崛起有望带动发光材料国产化加速应用。

可折叠技术带来材料变革,聚酰亚胺(Polyimide,简称 PI)材料成新贵。可折叠设计最大的变革在于舍弃原有刚性的玻璃材料,转而使用柔性 PI 材料同时采用薄膜封装。基材由传统的 ITO 玻璃变为 PI 浆料,盖板由传统玻璃改用涂覆透明 PI(CPI)膜,触控端也有望使用无色聚酰亚胺(Colorless Polyimide,简称 CPI)。当前 PI 材料被日韩垄断,而国内企业开始崭露头角。

3)OLED 行业逐步呈现大型化与集中化趋势

当前中国 OLED 企业正逐步趋于"大型化、集中化"的方向发展,一方面,因为 OLED 行业资金需求大、技术要求高;另一方面,受下游终端产品更新换代的时间加速及生活水平和消费水平不断提高等影响,终端消费者更加注重电子产品的用户体验及高科技含量,电子产品更新换代加速。而这一趋势则要求品牌厂商必须拥有强大的资金及技术研发实力,同时需要具备大规模组织生产的能力。在新的下游需求下,资金与技术的要求对 OLED 企业提出了更高的要求,OLED 行业也逐步呈现出大型化与集中化的趋势。

三、显示器面板市场展望

据视讯堂 2020 年 2 月发布的 2020 年度 1 月大陆显示器市场品牌出货排名榜,AOC(冠捷)排名第一,飞利浦第二,HKC(惠科)第三。据了解,在 2020 年度 1 月,AOC(冠捷)出货量环比增长 72%,排名第一。之后依次是飞利浦、HKC、戴尔、三星、优派、华硕、惠普、长城等。

此前,根据科创板日报的消息,华为将会进军显示器领域,推出商用、家用、电竞、曲面等所有型号,并于 2020 年下半年上市。华为内部成立了 6 个团队来考察显示器市场,并已经接触了全国范围 90% 以上的代工厂。小米也推出了两款显示器,分别是 23.8in 的 FHD 家用显示器和

34in 的 3440×1440 分辨率/144Hz 的电竞显示器。

受市场需求下滑及国际贸易摩擦影响,2019 年全球显示器面板出货遭遇较大幅度下滑。群智咨询数据显示,2019 年显示器面板出货量 1.4 亿片,同比下降 5.2%,出货面积同比基本持平,体现尺寸升级的趋势。结构升级成为 2019 年最大的市场亮点,主要表现在:尺寸升级、尺寸集中化愈加明显。群智咨询数据显示,2019 年显示器面板平均尺寸为 23.7in,同比增加 0.5in。

京东方(BOE)出货数量 3450 万片,上半年同比下滑 11.7%,得益于其下半年更加稳定的品牌客户结构,下半年同比下滑缩小到 5.1%,年度同比下滑 8.4%,预计未来出货稳定性将进一步增加。全年看,其尺寸结构升级也较为明显,但在大尺寸上结构仍偏弱。2020 年,京东方(BOE)积极拓展增长性细分市场、提升产品结构,对窄边框、高分辨率、电竞以及宽屏上都有较为积极规划。

LG 显示(LGD)出货数量 3150 万片,同比下滑 8.7%,一方面受 21.5in、23in 需求锐减影响较大,另一方面其自有品牌 LG 市场表现不佳,面板需求也进一步降低。LG 显示(LGD)将关闭韩国大部分 LCD TV 产能,不过其 IT 产能还将持续维持,2020 年仍持续聚焦盈利,在 IPS、高分辨率上强化竞争力。

友达(AUO)出货数量 2560 万片,同比下滑 2.3%。其产品及客户结构均比较稳定,并且有台系品牌的大力支撑,因此受市场影响相对较小。尺寸结构方面,19.5in 出货数量下跌严重,不过在 27 英寸及 25in 出货上做一定弥补,对市场反应较为灵敏,有灵活的产品及产能调整能力。2020 年,友达(AUO)持续在专业显示及电竞显示上发力,积极规划 Mini LED 背光等高端产品,强化高盈利性产品线。

群创(Innolux)出货数量为 2360 万片,同比下滑 15.8%。其 21.5in 约占 35%,大尺寸占比却仅有 10%,产品结构相对落后。另外,品牌客户占比相对偏低,受市场波动影响较大。2020 年群创(Innolux)也通过改造产线,升级产品结构,增加 IPS 产品供应量,提高整体竞争力。

三星显示(SDC)出货数量1620万片,同比下滑2.3%。同样受中小尺寸需求下滑影响,但在其在中大尺寸出货上做了很好的弥补。除了自有品牌SEC外,其他国际品牌出货也在增加,另外曲面和电竞产品也与国内品牌保持良好稳定合作。虽韩国LCD工厂逐步关闭TV产能,不过IT产能稳中有增,2020年规划大幅增加显示器,特别是曲面产品供应量,同时推出1000R曲率的新产品线,推动产品迭代和需求增长。同时,三星显示(SDC)在电竞、宽屏市场等增长性细分市场拥有良好的产品和客户基础,带动其总体出货持续增长。

中电熊猫(CEC-Panda)出货数量为1020万片,同比增加26.5%,其23.8in及27in出货增加明显。虽然目前主要以集团内客户TPV为主,但在2019年也逐渐导入更多国际品牌客户,2020年在总出货量及电竞、高分辨率上都较为积极。

电竞面板在2019年继续保持高速增长。除了终端需求各种利好因素外,跟面板端供应也有很大关系。从供应上来看,除了前两大面板供应商三星显示(SDC)和友达(AUO)以外,其他面板厂也均开始量产出货;刷新率也更多元化,在2020年国际消费类电子产品展览会(CES)展览上,台系品牌发布一款高达360hZ刷新率电竞新品,吸引诸多眼球。电竞方案的日益成熟,拉低了面板之间的价差,也带动刷新率的持续升级,促使产品更新换代加速。另外,面板技术上也有更多选择,从主流的VA/TN电竞面板,到IPS面板在高端电竞产品上认可度的增加,消费者也拥有更多的选择。

随着显示器应用场景的多元化需求,游戏设计、视频制作、图像处理等专业细分领域应用也在增加,高端显示器需求增长明显。伴随着高端显示器定位的一系列升级,首先表现在分辨率。从面板端来看,高分辨率技术难度较低,设计方案上愈加优化,生产制程上愈加成熟,成本上有较大降低,可以让利给整机的空间变大。因此,之后几年高分辨率将迎来大幅度增长。根据群智咨询数据,2019年QHD及UHD渗透率达到10.4%,预计2020年将持续增长至12.3%。

在商务及电竞游戏市场的驱动，超宽屏显示是2019年显示器发展的一个热点，并且随着众多新品的上市，市场热度大幅提升。从面板厂规划出货来看，全球总供应量将达到460万片，同比增加86%。三星显示（SDC）、京东方（BOE）均有较积极规划，台系面板厂也有规划一定的增量。

2019年，TV面板市场面临较大去化产能压力，显示器作为与TV共线产品，面板厂商期待可以分担一定压力，因此制定较为激进的出货规划，除了现有供应商三星显示（SDC）、中电熊猫（CEC-Panda）、TCL华星（CSOT）大幅度增加规划外，HKC也计划加入IT面板供应。

群智咨询数据显示，2020年全球显示器面板规划量达到1.67亿片，同比增加16.4%。从尺寸规划上来看，新明星尺寸23.8in、27in分别从2019年的25.5%、13.9%增加到29.1%、18.3%，同比都有大幅度增加，2020年面临供需风险仍然较大。

四、手机面板市场展望

从各智能手机厂商出货的屏幕技术来看，以三星GalaxyNote9、苹果iPhoneXS、为代表的旗舰智能机型均采用AMOLED屏幕。两家公司手机的AMOLED渗透率分别为63.2%和65.7%。尽管AMOLED在其余主要手机品牌渗透率仍不足35%，但在各家旗舰、高端机型中仍广泛采用AMOLED。智能手机AMOLED代替a-SiTFT和LTPS/OxideTFTLCD效应正在显现，预计未来OLED屏有望从旗舰机型向中端机型持续渗透。

中国OLED产业链话语权逐步提升，上游供应链有望受益。经统计全球主要OLED厂商已投和在建产能情况，假设满产满载，并不考虑良率损失，预计2021年中国大陆制造商将占全球26%产能面积，上游材料厂商有望受益。中国大陆厂商中，濮阳惠成OLED材料布局包括芴类、噻吩类、咔唑类、有机膦类等产品，在目前主流和未来有潜力的OLED蓝光材料中间体均有布局，尤其是蓝色磷光材料和热活化延迟荧光（Thermally Activated Delayed Fluorescence，简称 TADF）材料。翰博高新进军 OLED 用掩膜（Open Mask）精密再生市场，有望打破国际垄断。Open Mask 是蒸镀制程中的关键制具，在使用一段时间后，表面会形成一层蒸镀膜，会严重影响产出品的精度和产品良率，Open Mask 膜剥离及精密再生就是在 Open Mask 无损的前提下进行精密再生。翰博高新是国内领先的光电显示薄膜器件生产和光学整体解决方案供应商，也是中国最大液晶显示面板厂商京东方的核心供应商。翰博高新拟投资建设“OLED 用 Open Mask 精密再生项目”，建成后将具备 180K 套 OLED、LTPS 相关生产设备、冶具、Mask 等配套部件的处博高新，标的公司拟投资建设的“OLED 用 Open Mask 精密再生项目”与公司发光材料中间体在 OLED 产业链上处于不同位置，将进一步完善公司 OLED 领域布局。

OLED 持续渗透，大陆产业链占全球比重提升，OLED 有望从旗舰机型向中端机型渗透。OLED 是指有机自发光二极管，由于其超高对比、逼真色彩、宽广视角、轻薄外形、宽温操作等特性，OLED 有望成为继 CRT、LCD 后的第三代主流显示技术。从定义来看：“自发光”决定轻薄外形和低材料成本；“有机”是实现柔性显示和异形屏的关键。AMOLED 持续渗透，其趋势是从中小尺寸到大尺寸，从智能手机向平板、PC 到头戴式设备、TV。3Q18 手机屏幕产值达到 107 亿美元，其中 OLED 屏幕占比从 2017 的 35% 大幅上升至 61.1%（66 亿美元）。从下游市场来看，2017 年全球 AMOLED 出货量为 4.46 亿块，智能手机及可穿戴设备适用的新型半导体高端触控柔性显示屏仍是最主要的市场，占出货量 95% 以上。其中，智能手机出货量占比为 90%。OLEDTV、笔电、头戴式设备则将是未来三年高速增长所在。

OLED 面板具有可折叠、可弯曲的特性，可以彻底改变当前智能手机、甚至平板和笔记本电脑的既有形态。我国整机终端企业为保持竞争实力，积极和 AMOLED 面板企业合作开发各种折叠、弯曲形态的手机，以增加高端市场份额。近年来，全球 OLED 终端需求不断拓展，根据预测 OLED 材料市场规模将从 2018 年 1037 百万美元扩大至 2023 年 2280

百万美元,CAGR5 为 17%。2020~2021 年国内计划投产 OLED 产线较多,如京东方、华星光电、维信诺、天马等企业均有新产线将投产,产线密集投产将带动 OLED 上游材料需求提升。

智能手机依旧是 OLED 面板最主要的应用方向。智研咨询发布的《2020—2026 年中国面板行业市场消费调查及投资策略分析报告》显示,在 2018 年 OLED 终端应用领域中,智能手机占比达到 71%,其次是可穿戴设备占比 10%,家用电器及电视占比 6%,其他领域占比 13%。2019 年全球 AMOLED 智能手机面板出货约 4.7 亿片,同比增长约 8%,占整体智能手机面板出货近 27%。电视产业则是 OLED 另一大应用市场,OLEDTV 面板出货数量将达到 370 万台,增速增长约 32%,渗透率提升到 1.3%,未来几年全球 OLEDTV 市场规模维持稳步增长。

目前全球已经进入 5G 时代,我国也将"5G+8K"作为国家新基建重点发展方向。随着 5G 的发展,数据传播速度越来越快,视频传播将成为信息传播的主要载体,将进一步带来显示产业的新变革。主要体现在超高影像逼真感、广色域产生的真实感、高度明暗对比等方面的发展,全球进入了万物互联的科技生活模式,作为接收媒介的显示屏也迎来了前所未有的发展新机遇。随着视频成为当今社会信息传播的主要载体,5G 应用不断普及,从奥运比赛、国庆庆典等大型比赛活动传输播放,到日常生活中的智慧驾驶、智能家居、移动穿戴、远程医疗等领域,未来 5 年 OLED 为主的高清显示将迎来黄金发展时期。相对于传统的 LCD 来说,OLED 具有自发光、清晰亮丽、轻薄、响应速度快、视角宽、低功耗、适用温度范围大、成本低、制造工艺简单等特点。而且,OLED 作为平面光源,无论是在结构上,还是在光源质量、产品特色等方面,都具有传统 LED 照明无法企及的优势。此外,柔性 OLED 还具有可弯曲的优势,对于产品的 ID 设计和应用提供了更多的可能。随着以移动互联网、物联网、云计算、大数据等为代表的新一代信息通信技术的迅猛发展,作为应用平台及终端的智能手机、平板电脑、可穿戴电子设备等消费类电子产品和智能家居产品的市场需求持续增长,智能终端出货量不断攀升。显示器件作为上述智能终端设备的关键部件，其市场需求也呈较快增长趋势。

五、AMOLED 面板市场展望

AMOLED 面板受到中小尺寸智能移动终端市场快速增长的带动，近年来发展迅速。智研咨询发布的《2020—2026 年中国 OLED 行业发展战略规划及未来趋势预测报告》显示，2019 年，全球 AMOLED 面板营收达到 251 亿美元，在新型显示器件产业总营收占比为 21.50% 。

我国首条 AMOLED 面板线于 2014 年点亮，首条柔性 AMOLED 产线于 2017 年点亮。近年来，各地对显示面板产线的投资十分踊跃，我国的 AMOLED 产业规模得以迅速扩张。此前，中国面板企业并没有第 6 代 AMOLED 生产线的生产经验，要在短时间内快速提升良率并不容易。三星从实验线到第 6 代 AMOLED 生产线量产，经历了 10 年以上的技术积累。目前，国内 OLED 面板厂商基本是跟随三星的技术路线研产，OLED 面板量产时间可能不需要 10 年之久，但是良品率爬升仍需要一定时间。由于 AMOLED 结构上少了背光模组、极化偏振片、彩色滤光片等结构，相比 LCD 面板结构较简单，原则上 AMOLED 的材料成本应该低于 LCD 面板。目前，AMOLED 较高的成本主要来自折旧、劳动力成本等其他费用，如果组件和材料价格合理，这些费用的单位成本将随着量产的规模效应而减少。AMOLED 良品率与生产成本之间的关系如图 4-13 所示。

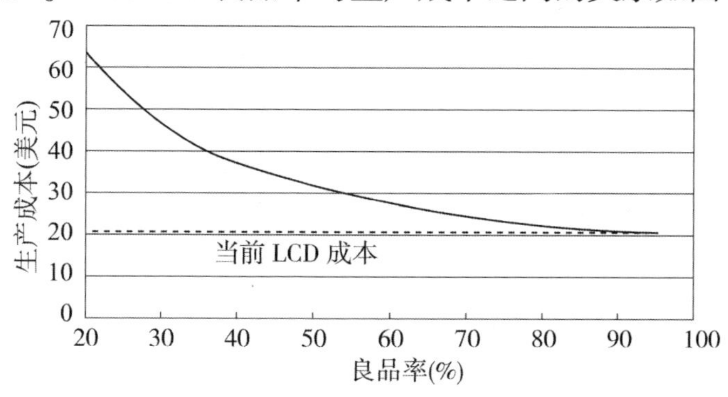

图 4-13　AMOLED 良品率与生产成本之间的关系

随着0LED布局、技术进步的不断提升下,中国OLED行业正处于高速发展时期,资金的大量投入以及技术的不断提升,已有部分厂商实现损产及量产。各大厂商加速布局柔性OLED面板产线,目前已经能够量产柔性屏的公司只有三家,分别是三星、LG和京东方。其余公司还处于产能爬坡,或者小规模试验中,这两年会有更多成熟产线。截至2020年2月,全球已建成AMOLED生产线25条,在建生产线3条,计划2条。中国已建成生产线13条,总投资规模接近5000亿元。仅以6代柔性OLED面板产线数量来看,中国已建和在建的生产线,共计11条。

AMOLED在显示领域的应用趋势是从中小尺寸到大尺寸,从智能手机向平板、PC到TV、汽车以及可穿戴等新型终端设备拓展,市场前景广阔。从下游市场来看,2017年全球AMOLED出货量为4.46亿块,智能手机及可穿戴设备适用的新型半导体高端触控柔性显示屏仍是最主要的市场,占出货量的95%以上。其中,智能手机出货量占比为90%。2018年,在大尺寸、全面屏、4K超高清市场增长驱动下,全球新型显示产业出货面积继续保持增长态势,同比增长8%。国内新型显示产业继续呈良好发展态势,TFT-LCD面板市场份额位于世界第一,AMOLED量产进程稳步推进,材料和设备本土配套能力不断增强,投融资势头依然高涨。OLEDTV、笔电、头戴式设备则将是未来三年高速增长所在。根据数据分析并合理预测,2017~2021年三者复合年增长率(Compound Average Growth Rate,简称CAGR)分别为50%、47%和43%。受益于此,未来三年AMOLED总出货量CAGR为18.6%。

在电视面板大尺寸和新产品、新需求的带动作用下,全球新型显示产业保持增长态势。另外,受TFT-LCD面板价格不断下降的影响,显示产业总体营收将出现缩减,缩减规模在4%左右。近年来,我国新型显示产业进步明显,尤其是在TFT-LCD领域,已取得突破性进展,产能产量位居全球第一,综合竞争力不断攀升。

各大手机品牌企业对AMOLED的认可程度不断提升,已成为高阶智能手机的重要配置之一。刚性AMOLED面板价格与同规格的LPTS-

LCD 基本持平，柔性 AMOLED 的需求进一步增加，折叠屏开始崭露头角，AMOLED 的热度不断攀升，成为各大企业竞相追逐的焦点。

2018 年，全球 AMOLED 面板出货数量预计为 4.5 亿片，同比增长 3%。其中，智能手机用 AMOLED 面板出货数量预计为 4 亿片，占 AMOLED 面板出货量的 90% 以上。2018 年柔性屏出货数量约为 1.8 亿片，同比增长 24%，获得较大幅度的增长，在全部 AMOLED 智能手机面板中的渗透率超过 40%。

在这种局面下，各大面板公司纷纷将 OLED 当成救命良药，"柔性 AMOLED 产品量产交付""柔性 AMOLED 竞争力将快速提高""AMOLED 产业空间进一步扩张"等关键词成为各家公司未来展望的主要亮点。

目前，全球能够量产柔性 OLED 面板的厂商主要有六家，包括三星、京东方、维信诺、LG、深天马和柔宇，其中国内厂商占据 4 席位置。目前，京东方成都 6 代线 AMOLED 面板已经至少应用于 10 款智能手机，覆盖华为、OPPO、Vivo 等品牌，京东方预计今年 AMOLED 产能将占全球份额的 18%；维信诺已经成为小米、中兴、LG、传音等多个品牌客户的供应商，未来 2～3 年内随着中国面板厂新增柔性 AMOLED 面板产线陆续投产，产能集中释放，三星、LG 在 OLED 面板产业的垄断地位或将松动。

从 2019 年上半年各家显示面板公司的技术创新看，京东方硅基 Micro OLED全球最高 PP10.39in 产品实现客户送样，打印 OLED55in 的 8K 技术开发项目实现全彩样机点亮，车载 A 柱透明显示完成整体解决方案。

维信诺仅以 OLED 为主营业务，在智能手机、可穿戴产品、柔性车载显示等领域进行了布局，供货中兴手机的柔性 AMOLED 屏幕为国内首款采用柔性 Oncell-MetalMesh[1] 技术工艺的产品，在国内率先实现触控

[1] Metal Mesh 是一种导电材料，在 PET、COP、PC 等基材上通过各种工艺，形成极细的金属网格线，网格线线宽一般小于 10μm，肉眼下基本不可见。Metal Mesh 材料表面的金属网格线代替 ITO 材料表面的 ITO，导电效果远远优于传统的 ITO。Metal Mesh 分为 Cu Metal Mesh 与 Ag Metal Mesh。

一体化柔性 AMOLED 量产工艺,供货努比亚 α 的柔性 AMOLED 显示屏采用了高可靠性柔性盖板技术,结合多中性层设计,使产品最小弯曲半径为 8mm。

TCL 集团加快印刷式 AMOLED、蒸镀式 AMOLED 以及电致发光 QLED 的材料开发,已建成全球最先进的印刷显示公共平台,并将于年底量产折叠屏产品,成为国内唯一实现对下一代显示技术的全产业链布局的企业。

深天马在 AMOLED、触控一体化技术(On-cell、In-cell)❶、柔性显示、Force Touch(触摸传感技术)屏下指纹识别等方面取得了诸多积极成果,开发有曲率半径内弯 3mm 和外弯 5mm 的柔性显示屏、带有 ForceTouch 触控功能的刚性 AMOLED 屏、采用 FODMapis 显示指纹识别技术的 FingerPrintAMOLED 屏、基于喷墨打印技术的 AMOLED 屏。

随着 OLED 显示技术的发展,国内企业投入巨资建设 AMOLED 生产线。近年来,中国诸多企业总共投入了约 4400 亿资金来建设多条 4 ~ 6 代 AMOLED 生产线,最终可形成约 46 万片/月 6 代 AMOLED 面板产能,其中八成以上为柔性 AMOLED 面板。随着 2019 年 7 月绵阳第 6 代柔性 AMOLED 生产线的投产,国内面板龙头京东方已拥有成都、绵阳两条实现量产的 6 代 AMOLED 生产线,有效带动了国内 OLED 产业链上下游的发展。

六、液晶玻璃基板行业展望

除此之外,液晶玻璃基板行业在国产化过程中,还遇到国外技术封锁、产业更新换代快、投资过大等问题,这些因素都限制了行业的快速发展。

受国内企业研发生产能力的影响,我国玻璃基板市场以 TFT-LCD

❶ On Cell 是指将触摸屏嵌入到显示屏的彩色滤光片基板和偏光片之间的方法,即在液晶面板上配触摸传感器;In-cell 是指将触摸面板功能嵌入到液晶像素中的方法,一般是与液晶层融合在一起。

玻璃基板为主，AMOLED 玻璃基板基础薄弱、产量微小。

我国是全球最大的消费电子生产国和消费国，玻璃基板的需求呈现出快速扩张的状态，2014～2019 年我国玻璃基板需求量复合增长率为 28.75%。仅 2019 年我国玻璃基板需求量为 32324 万 m^2。

2019 年我国玻璃基板市场规模为 203.09 亿元，同比 2018 年的 173.14 亿元增长了 17.3%。其中，电视面板领域玻璃基板规模为 141.54 亿元，占比为 69.69%；电脑、笔记本及其他大尺寸面板领域玻璃基板规模为 38.1 亿元，占比为 18.76%；手机及其他小尺寸面板领域玻璃基板规模为 23.45 亿元，占比为 11.55%。2019 年我国玻璃基板行业客户结构如图 4-14 所示。

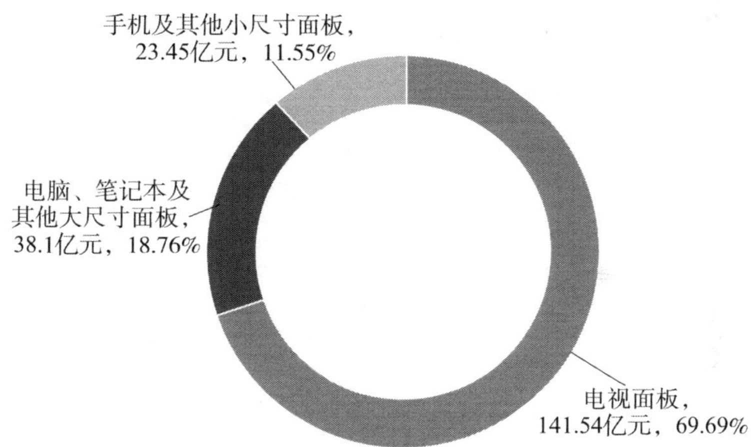

图 4-14　2019 年我国玻璃基板行业客户结构

七、OLED 产业政策、市场竞争和发展

随着国内 OLED 产能逐步释放，面板厂商可能面临成本的压力及上游材料“卡脖子”的风险。这主要体现在以下几方面：第一，市场竞争逐渐激烈，处于领先地位的国外面板企业通过降价等措施迫使国内面板厂商压低面板价格，盈利下降，从而增加成本压力。第二，上游关键材料及设备企业产能有限，在优先供应三星、LG 等国外企业后，存在供不应求的风险。第三，国外面板厂商凭借自己的垄断优势与上游材料企业达成

限制性协议,对国内OLED面板企业的发展壮大进行阻击。此外,日韩贸易战也为国内OLED面板产业的供应链安全敲响了警钟,日本限制对韩国出口包括氟聚酰亚胺、光刻胶和高纯度氟化氢3种半导体及OLED材料,严重影响了韩国相关企业的正常经营。

1. OLED产业政策

随着OLED显示技术的不断进步和产业化落地,OLED发展已经引起国家层面的高度重视。近年来,国家相关部门陆续颁布了多项政策以持续促进和引导OLED产业规范发展。2012年,《"十二五"国家战略性新兴产业发展规划》明确提出:加快推进OLED等新一代显示技术研发和产业化。此后的6年间,一系列相关政策陆续出台,鼓励和支持OLED材料、OLED面板及工艺等方面的创新发展。以京东方、维信诺为首的国内面板厂商纷纷斥巨资建产线、提良率,预计未来2~3年国内OLED面板将迎来高速增长期。OLED产业相关政策见表4-3。

OLED产业相关政策 表4-3

时间(年)	政　策	相关内容
2012	《"十二五"国家战略性新兴产业发展规划》	加强关键材料及设备的国产化配套,明确提出加快推进OLED等新一代显示技术研发和产业化
2014	《2014—2016年新型显示产业创新发展行动计划》	强调新型显示是信息产业重要的战略性和基础性产业,推动新型显示成为新一代信息金属产业创新发展的重要支撑
2014	《国家发展改革委办公厅,工业和信息化部办公厅关于组织实施新型平板显示和宽带网络设备研发及产业化专项有关事项的通知》	将新型平板显示技术领域列为专项支持重点,其中包含了AMOLED用高精度金属银铜蒸镀掩模板研发和产业化
2015	《〈中国制造2025〉重点领域技术路线》	柔性显示等新型显示材料作为其中发展重点

续上表

时间(年)	政　　策	相关内容
2016	《实施制造业升级改造重大工程包》	提出重点发展低温多晶硅、氧化物、有机发光半导体显示等新一代显示量产技术,建设高世代生产线
2016	《“十三五”国家重点研发计划》	把发展印刷 OLED 技术作为重点支持项目之一,草拟中的国家新材料重大工程中也将印刷 OLED 技术列入
2016	《国家重点研发计划高性能计算等重点专项的申报通知》	构建 OLED 等新型显示技术,培养一批创新创业团队,培育一批有国际竞争力的龙头企业
2018	《新型显示产业超越发展三年行动计划》	引导支持新型背板、超高清、柔性面板等量产技术研发,加快布局 AMOLED 微显示、量子点、印刷 OLED 显示、Micro LED 显示等显示技术,完成产业新技术路线的探索和布局
2019	《工业和信息化部关于促进制造业产品和服务质量提升的实施意见》	支持印刷及柔性显示创新中心建设,加强关键共性技术攻关,积极推进创新成果的商品化、产业化

2. 产业竞争

从现有液晶面板产业来看,无论是 TFT-LCD 或 AMOLED,基板玻璃都是其生产所需的重要材料。根据显示技术、器件结构和应用场景的不同,额外需要单层或多层的玻璃。

由于基板玻璃的投产是配套下游面板厂的产能,因此随着 G6 以上高世代液晶面板线的投产,基板玻璃产业未来几年整体保持小幅增长。这主要得益于液晶显示屏平均尺寸的提升。总体上看全球玻璃基板的主要增长点在 G6 以上大尺寸玻璃基板,但存在着局部尺寸供需失衡的可能性,主要体现在中小尺寸面板受 OLED 的冲击。同时,无论是 OLED,还是 LCD,都要使用玻璃材质做基板,两者的差别是 LCD 需要两块,OLED 需要一块,所以玻璃基板仍然可以供给 OLED 生产线。

作为显示产业链顶端的基板玻璃,虽然在国内彩虹和东旭光电的艰苦奋斗和不懈努力下,已实现批量生产 G6 以下尺寸基板玻璃,且在中小

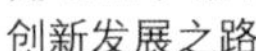

尺寸面板市场占有率约80%，但现在G8.5及以上高世代基板玻璃只能与康宁、电气硝子合作后段加工生产。因此，需着力解决液晶面板产业有序竞争与盲目低端投资扩产、依靠成熟技术满足当前需求与前沿技术研发不平衡的问题，避免重蹈CRT玻壳产业的覆辙。

从2019年上半年各家显示面板公司的财务状况看，京东方实现营收550.39亿元（端口器件营收为508.97亿元），同比增长26.60%，净利润为16.68亿元，同比下降43.92%。

TCL集团下的显示业务主体华星光电实现营收162.80亿元，同比增长33.50%，净利润为10.2亿元，同比下降7.83%。

深天马实现营收145.95亿元（屏及模组营收为144.73亿元），同比增长4.43%，净利润为6.44亿元，同比下降17.68%。

维信诺实现营收11.16亿元（OLED显示营收为10.60亿元），同比增长134.67%，净利润为1.76亿元，同比增长988.48%。

在全球经济下行压力加大与产能迅速扩张双重因素的叠加下，LCD上半年呈现出营收增加、净利润却大幅下滑的惨烈局面。随着LCD高世代线产能集中快速释放，未来产品价格还将进一步承压以促进销量，有些公司已经开始采取减产或关停部分产线运营的措施，以期缓解产业供过于求的状况，但由于产线高额固定成本的存在，“增收不增利”的状况或许仍将持续。

3. 产业发展

中国依然是全球新型显示产业发展的重心，受产线建设和投入量产的影响，中国成为全球新型显示产业关键材料和设备的重要引擎。多家国外龙头企业在中国建厂或与中国企业开展合作。玻璃基板、偏光片、发光材料等领域成为合作和投资的重点。中国本土企业在多年的市场竞争中，也取得很大进步，多种材料的本土化配套能力得到提升，企业实力得到增强。

虽然2018年面板价格下跌明显，但全球新型显示产业正处于转型发展期，产业竞争正在从规模竞争向技术竞争、创新竞争转移。在此背景下，先进的产线成为各国各地区企业竞相投资的热点。柔性AMOLED、大尺寸、超高清、低功耗等产线的建设热情依然高涨。

鉴于以上问题，必须找出对策。一是进一步加强顶层设计，推动资源统筹，解决产业发展中的重大问题，适时调整产业发展路径与重点。二是充分发挥财政资金的引导作用，吸引多渠道、多元化的资金投资，持续推进多层次多类型多渠道的合作。三是鼓励具有核心技术、创新体系完善、产品结构丰富、品牌知名度高、全球竞争力强的面板制造企业做大做强。四是建立中央政府和地方政府的合作和信息共享机制，全面掌握产业发展过程中出现的最新动向，及时解决重大问题。

其次，加快产业结构调整，尽早突破技术瓶颈成为当务之急。一是鼓励和推动现有的TFT-LCD生产线新品研发和技术提升，集中支持关键技术、共性技术、前瞻性技术的研发和自主创新成果的产业化。二是建立以企业为主导，产学研用相结合的自主创新体系，加快科研成果产业化进程，突破核心技术。其中，东旭于2017年在福清组织建设了我国第一条G8.5基板玻璃后加工生产线，推动了国内高世代基板玻璃产业链的发展。三是支持骨干企业创新能力建设，积极开展关键核心技术联合研发、专利运营、标准制订等工作，建立重点企业专利成果共享机制。四是针对产业重大创新需求，建立产学研用相结合面向全行业开放的共性技术创新平台。

再次，强化需求牵引，推进上下游共同参与的生态体系建设。一是充分发挥面板制造核心企业的规模效益，建立生产配套体系，形成互相依存、互相促进的合作关系。二是支持有条件的显示企业开展产业链垂直整合，鼓励优势企业兼并中小企业，增强企业核心竞争力。三是组织实施材料、设备、工艺、应用、服务等重点领域“一揽子”突破计划，吸取发展经验，加快提高本土新型显示装备、材料和工艺技术可靠性和有效性，以及内容、服务先进性和多样性。

最后，深化国际合作，营造良好外部环境。一是加强境外先进企业和技术引进。进一步优化环境，鼓励引进境外高质量资本和先进技术，

鼓励国际领先企业以合资合作等形式在国内建设研发、生产和运营中心。二是鼓励境内企业国际合作和对外开放。鼓励境内新型显示企业通过参股、并购等多种方式整合国际资源，拓展国际市场。三是营造国际合作良好环境。

玻璃基板产业仍面临着产品需求增长与产业结构调整之间的供需调节、部分上游材料受制于人等挑战。随着平板显示产能持续向我国转移、产业整体规模持续扩大、新技术稳步推进、国产化替代，尤其是8.5代线为代表的高世代面板产线的推进带来的巨大市场增量，为我国玻璃基板产业快速发展提供了巨大的机遇。

参考文献

[1] 刘达, 余兆明. 21 世纪的主流显示技术发展综述[J]. 电子世界, 2003, 06:2-5.

[2] 崔英敏, 吕刚. 液晶的历史[J]. 现代物理知识, 2006(03):3-6.

[3] 李超. TFT-LCD 用玻璃基板发展现状及趋势[J]. 玻璃, 2006, 33(1):15-17.

[4] 齐康. 我国液晶面板产业发展之路[J]. 中国工程咨询, 2007, 08(8):17-17.

[5] 时红. TFT-LCD 面板产业:从集聚走向垄断[J]. 电子经理世界, 2006, 000(010):52-55.

[6] 李维, 郭强. 液晶显示器件应用技术[M]. 北京:北京邮电学院出版社, 1993.

[7] 刘志海. 我国超薄玻璃发展历程浅析[J]. 玻璃, 2020(8):9-14.

[8] 韩娜,石丽芬,王萍萍,等. 用于液晶显示器的低温多晶硅玻璃基板的研究现状及发展趋势[J]. 材料导报, 2018, 32(S2):139-142.

[9] 陈志强. 低温多晶硅(LTPS)显示技术[M]. 北京:科学出版社, 2006.

[10] 郑艺. 液晶面板的行业现状分析[A]. 中国科技博览,2015,34.

[11] 夏国忠. 液晶面板配套行业现状及我国的发展机遇[J]. 世代金融, 2016,11:180-182.

[12] 高鸿锦. 中国液晶配套产业的发展现状及建议[J]. 精细与专用化学品,2013,21(11):6-12.

[13] 赵学山. 国内液晶显示面板行业发展现状、问题、对策[J]. 经济生活文摘(下半月),2012(000),012:315-316.

[14] 张航科,李中原. TFT-LCD 产业的中国机遇[J]. 中国科技纵横,2010,13:60-61.

[15] 张玉玲. 台湾液晶面板上下游产业链布局[J]. 海峡科技与产业,2009,(1):59.

[16] 陈德平. 浅析我国液晶显示板产业的困境与发展对策[J]. 管理观察,2015,27:105-106.

[17] 郝倩,翟振辉. 5G 时代智能手机显示面板及驱动芯片发展浅析[J]. 电子制作,2019,24:69-70,72.

[18] 赵茜,许云林,陈昱琦. 手机屏幕产业与技术发展研究[A]. 农村经济与科技,2019,30(4).

[19] 梁冬晗,曹亚芳. OLED 产业发展现状及经验借鉴[J]. 经营与管理,2017(10):77-79.

[20] 张雯玲. 新型显示之 OLED 产业分析及招商对策与建议[J]. 经济师,2016, (1):269-269,271.

[21] 王菲. 液晶面板高世代线的中国博弈[J]. 新经济导刊,2011, (7):52-55.

[22] 田路线,李国富,吴光文. TFT-LCD 玻璃基板简介[J]. 玻璃,2009,36(5):46-49.

[23] 赵飞. 平板显示器用玻璃基板生产应用现状与市场前景[J]. 中国玻璃,003,028(002):28-37.

[24] 高晓立. FT-LCD 基板玻璃的制备方法及发展趋势[J]. 化工管理,2013,12:151.

[25] 对新形势下平板玻璃工业转型升级问题的思考[J]. 居业,2016,(5):13-14,16.

[26] 刘彤. LCD 玻璃基板的研究及进展[C]//. 2001 全国玻璃学术研讨与生产技术交流会论文汇编,2003(03):218-223.

[27] 江崑,邹志威. TFT-LCD 基板玻璃配方及技术性能研究[J] . 建筑工程技术与设计,2017(000),025:2720.

[28] 田英良,胡春明,张广涛,等.基于 LTPS 制程工艺的 LCD/OLED 显示用玻璃基板发展综述[J].建筑玻璃与工业玻璃,2019(11):5-14.

[29] 王国亮. OLED 产业发展及市场前景浅析[J].中国市场,2017(11):2-63.

[30] 兰中旭,韦嘉,俞燕蕾.柔性显示基板材料研究进展[J].华南师范大学学报(自然科学版),2017,49(1):9-16.

[31] 王国全. TFT-LCD 玻璃基板制造过程中的几点体会[J].玻璃,2020,v.47;No.342(03):41-44.

[32] 薛小利.浅谈 OLED 显示技术进展[J].微计算机信息,2019,000(024):28-29.

[33] LI Qing,李青,周波,等.智能技术在玻璃基板制造中的应用与展望[C]//2017 年电子玻璃技术论文汇编,2017.

[34] 田英良,胡春明,张广涛,等.基于 LTPS 制程工艺的 LCD/OLED 显示用玻璃基板发展综述[C]//2018 年电子玻璃技术论文汇编,2018.

[35] 刘志海.我国超薄玻璃发展历程浅析[J].玻璃,2020(8):9-14.

[36] 韩娜,石丽芬,王萍萍,等.用于液晶显示器的低温多晶硅玻璃基板的研究现状及发展趋势[J].材料导报,2018,32(S2):139-142.

[37] 任雪艳,李亭亭.我国 OLED 显示配套关键材料技术及产业发展挑战[J].新材料产业,2018,02(No.291):22-26.

[38] 夏治文. OLED 电视产业发展趋势及前景解读[J].中国市场,2018,000(023):56-57.